目指せ！合格！

家庭学習ガイド
成蹊小学校

ペーパー　制作　運動　行動観察　保護者面接

入試情報

応募者数：男子 356 名　女子 353 名
出題形態：ペーパーテスト
面　　接：あり（保護者面接）
出題領域：ペーパー（お話の記憶、図形、推理）、制作、運動、
行動観察（グループ）

入試対策

2021 年度はこの情勢でも応募者数が 700 名以上ありました。首都圏でも指折りの難関校です。
ペーパーテストでは、「お話の記憶」「図形」「推理」といった分野からの出題が続けられています。分野を絞り込んで学習することは可能ですが、「お話の記憶」に常識問題が盛り込まれているように、複合問題も多く出題されるので、全分野の基礎学習も欠かすことはできません。
もちろん、当校入試では学力ばかりではなく、コミュニケーション能力も重視されます。受け答え、集団の中での協調性を発揮するだけでなく、集団の中でも言うべき時には自分の意見を言うなど、積極的な行動を心がけましょう。こういった能力は、即席で身に付けられるものではなく、保護者の方のねばり強い指導が必要なものです。指導の際には否定するのではなく、お子さまを「ほめて伸ばす」といったスタンスがよいでしょう。

●例年よりは短いとは言え、長文で出題される「お話の記憶」は、集中力を養い、お話に飽きないように長文に慣れておく必要があります。

●図形は、問題数も多く、応用力が必要です。まずは基礎問題にしっかり取り組むという経験を積んでおきましょう。それが応用力につながります。

●運動は、運動能力のあるなしではなく、指示の理解と実行を観ています。待っている時の姿勢や態度にも注意してください。

「成蹊小学校」について

〈合格のためのアドバイス〉

当校のペーパーテストは、長文の「お話の記憶」、そして複雑な「図形」が特徴です。どちらも難しく考えさせられる問題です。集中して問題を解きましょう。

「お話の記憶」は、日頃の読み聞かせをしっかりと行うことが大切です。ただ聞いて「おもしろいお話だった」で終わるのではなく、お話を理解する力が付くように行ってください。短いお話から始め、読んだ後にそのお話の感想を聞いたり、質問したりしながら、楽しく、お子さまと語り合うような読み聞かせを行いましょう。そうすることで、お話を理解し、「話を聞く楽しさ」もわかってきます。まずは、当校で出題されるような長いお話でも最後まで聞き続ける「姿勢」を養うことです。

小学校受験ではお話を聞き、理解することは「お話の記憶」の問題だけに必要なことではありません。「図形」「行動観察」「運動」でも、指示を聞き、理解しないと課題を進めることはできないのです。「指示の理解→思考→解答」というプロセスはすべての学習の基本ですから、ぜひこの段階で身に付けましょう。

さて、前述したように、「図形」の問題は小学校受験としてはかなりハイレベルの問題が出題されます。応用力を付けるためには、土台となる基礎問題にしっかりと取り組み、頭のなかで図形を回転させたり、組み合わせたりすることができるような図形感覚が必要です。パズル遊び・積み木遊びをたくさん行い、ペーパー問題に取り組む前に、その問題を身近な具体的なものに置き換えて試してみてください。たとえば、「四つ折りにした折り紙を切った後、開くとどんな模様ができるか」など、実際に体験することで容易に理解ができ、スムーズにペーパー問題に移行できます。

当校の問題は難しいため、入試対策はペーパー学習に偏りがちですが、行動観察の対策を忘れてはいけません。ここでも「指示の理解→実行」というプロセスは有効です。しっかりとコミュニケーションを取り、協調性を持って関わることを心がけるようにさせてください。しかし、協調性を重んじるあまり、自分の意見を言わないのは、積極性に欠けると評価されます。自分の意見を言い、相手の意見と摺り合わせてよい方向に導き、最終的に良い結果につながるような行動ができれば言うことはありません。

〈2021 年度選考〉

◆ペーパーテスト（お話の記憶、図形、推理）
◆制作
◆行動観察
◆運動
※試験は２日間、男女別で行われ、
　内容も異なる。
※面接は保護者面接

◇過去の応募状況

2021年度	男子 356 名	女子 353 名
2020年度	男子 370 名	女子 365 名
2019年度	男子 359 名	女子 326 名

入試のチェックポイント

◇受験番号は…「ランダムに決める」
◇生まれ月の考慮…「あり」

（得）先輩ママたちの声！

◆実際に受験をされた方からのアドバイスです。
ぜひ参考にしてください。

成蹊小学校

＜入学試験について＞

・行動観察は、グループのめぐり合わせでだいぶ評価が左右されると思いました。おとなしい感じの子ばかりのグループだと何も決まらないで時間切れになってしまいますし、主張の強い子ばかりのグループだと逆にまとまらなくなってしまうようです。どちらにしても、自分が今何をするべきかをしっかり理解して行動しないと難しいと思いました。

・今年はありませんでしたが、例年は授業を参観ブースで見ることができます。成蹊ならではの「こみち」の授業やパソコンを活用した授業などが各学年に見られ、とてもよくわかります。自発性を大事にしている指導や、子どもたちが活発に意見を交わす授業スタイルに学ぶ意欲を感じました。

・ペーパーテストはかなり難しかったようですが、あの程度の結果を出さないと、合格は厳しいと感じました。

・説明会では、どのような子どもを求めているのか、ていねいに説明してくれるので、リモートでも参加した方がよいと思います。

＜保護者面接について＞

・面接では、子育てをしている上で気を付けている点、子どもに好き嫌いはあるか、子どもと父親の関わり方について、子どもが最近読んだ本は何か、などを聞かれました。

・終始、和やかなムードでした。ほとんどの方が、５～10分で終わっていたようです。

・面接では願書に書いた内容について聞かれましたので、書いた内容については、しっかり答えられるようにしておく必要があると思いました。

成蹊小学校

過去問題集

〈はじめに〉

現在、少子化が叫ばれているにもかかわらず、私立・国立小学校の入学試験には一定の応募者があります。入試は、ただやみくもに学習するだけでは成果を得ることはできません。志望校の過去における出題傾向を研究・把握した上で、練習を進めていくこと、その上で試験までに志願者の不得意分野を克服していくことが必須条件です。そこで、本問題集は小学校を受験される方々に、志望校の出題傾向をより詳しく知って頂くために、過去に遡り出題頻度の高い問題を結集いたしました。最新のデータを含む精選された過去問題集で実力をお付けください。

また、志望校の選択には弊社発行の**「2022年度版　首都圏・東日本　国立・私立小学校　進学のてびき」（4月下旬刊行予定）**をぜひ参考になさってください。

〈本書ご使用方法〉

◆出題者は出題前に一度問題を通読し、出題内容などを把握した上で、**〈準　備〉**の欄に表記してあるものを用意してから始めてください。

◆お子さまに絵の頁を渡し、出題者が問題文を読む形式で出題してください。問題を読んだ後で、絵の頁を渡す問題もありますのでご注意ください。

◆**「分野」**は、問題の分野を表しています。弊社の問題集の分野に対応していますので、復習の際の目安にお役立てください。

◆一部の描画や工作、常識等の問題については、解答が省略されているものがあります。お子さまの答えが成り立つか、出題者が各自でご判断ください。

◆**〈時　間〉**につきましては、目安とお考えください。

◆**［〇年度］**は、問題の出題年度です。**［2021年度］**は、「2020年秋から冬に行われた2021年度入学志願者向けの考査の問題」という意味です。

◆**学習のポイント**は、指導の際にご参考にしてください。

◆**【おすすめ問題集】**は各問題の基礎力養成や実力アップにご使用ください。

〈本書ご使用にあたっての注意点〉

◆文中に**この問題の絵は縦に使用してください。**と記載してある問題の絵は縦にしてお使いください。

◆**〈準　備〉**の欄で、クレヨンと表記してある場合は12色程度のものを、画用紙と表記してある場合は白い画用紙をご用意ください。

◆文中に**この問題の絵はありません。**と記載してある問題には絵の頁がありませんので、ご注意ください。なお、問題の絵の右上にある番号が連番でなくても、中央下の頁番号が連番の場合は落丁ではありません。

下記一覧表の●が付いている問題は絵がありません。

問題1	問題2	問題3	問題4	問題5	問題6	問題7	問題8	問題9	問題10
				●	●	●			
問題11	問題12	問題13	問題14	問題15	問題16	問題17	問題18	問題19	問題20
	●	●	●	●					●
問題21	問題22	問題23	問題24	問題25	問題26	問題27	問題28	問題29	問題30
							●		
問題31	問題32	問題33	問題34	問題35	問題36	問題37	問題38	問題39	問題40
問題41	問題42								
●									

◎学習効果を上げるため、前掲の「家庭学習ガイド」及び「合格のためのアドバイス」をお読みになり、各校が実施する入試の出題傾向を、良く把握した上で問題に取り組んでください。
※冒頭の「本書ご使用方法」「ご使用にあたっての注意点」も併せてご覧ください。

2021年度の最新問題

問題1　分野：お話の記憶

〈準 備〉　青色のサインペン

〈問 題〉　お話をよく聞いて、後の質問に答えてください。

明日はタロウくん一家が山に登る日ですが、今日は雨です。学校から帰ってくるとお兄さんのヒロシくんが「明日晴れるように、てるてる坊主を作ろう」と言いました。タロウくんは２つ、ヒロシくんは３つ、てるてる坊主を作りました。朝起きると、てるてる坊主が活躍してくれたせいか、雲１つない青空になりました。お父さん、お母さん、タロウくん、ヒロシくんは車で山のふもとまでお父さんの運転する車で行き、山に登り始めました。しばらく歩くとなんだかタロウくんは疲れてしまったので、赤い葉っぱがひらひらと落ちてくる木の下で休むことにしました。お母さんが「これを飲みなさい」と水筒を渡してくれました。それを飲んで少し元気になったタロウくんが「これは何の木なの」とお父さんに聞くと、お父さんは「これはモミジの木だよ。この季節になるとこんなふうに葉っぱが赤くなるんだ」と言いました。ヒロシくんはタロウくんに「これをあげるよ」と言って、レモン味のアメを１つくれました。アメを食べるとタロウくんは元気になり、また山を登り始めました。30分ぐらい登ると頂上に着きました。そこから周りの山や下を見ると、赤や黄色のきれいな葉っぱがたくさん見えます。お父さんに聞くと、「黄色いのはイチョウの葉っぱだよ」と教えてくれました。山を降りたところにある公園の広場でお昼ごはんを食べることになりました。お腹が減っていたタロウくんは、オニギリを２つと卵焼きを２つをぺろりと食べ、さらに３本目のウインナーを食べようとしたところでお母さんに「食べ過ぎないようにしなさい」と注意されました。タロウくんは「はーい」とちょっと不満そうに答えました。

（問題１の絵を渡す）

①タロウくんが山登りをした季節と同じ季節に咲く花を選んで○をつけてください。

②タロウくんはウィンナーを何本食べましたか。その数だけ○を書いてください。

③タロウくんとヒロシくんはてるてる坊主をいくつ作りましたか。その数だけ○を書いてください。

④ヒロシくんがタロウくんにくれたアメの味と同じくだものを選んで○をつけてください。

〈時 間〉　各30秒

問題2　分野：図形（対称・重ね図形）

〈準備〉　青色のサインペン

〈問題〉　左の四角を見てください。♠の下の形は下にパタンと折り返し、◆の下の形は右にパタンと折り返します。これがこの問題のお約束です。それぞれの段の左の形をお約束のとおりに折り返した時、右の四角のどの形と重ねるとマス目がすべて黒くなりますか。選んで○をつけてください。

〈時間〉　各30秒

問題3　分野：推理（座標の移動）

〈準備〉　青色のサインペン

〈問題〉　１番上の四角を見てください。ハチが花まで飛んでいく時のお約束が書いてあります。例えば、サクラが描いてある四角を見てください。ハチが上に進み、次に右斜め上に進むというのがサクラが描いてある時のお約束ということになります。それぞれの段の左の四角のお約束のようにハチが飛んだ時、ハチは■からどこへ行きますか。正しいものを選んで○をつけてください。

〈時間〉　各30秒

問題4　分野：制作

〈準備〉　画用紙（白、円形の枠線が引かれている）、折り紙（水色）、ハサミ
リボン（黄色、１本、50cm）、クーピーペン（黒）、スティックのり

〈問題〉　これから「イヌのメダル」を作ってもらいます。
※制作手順については、問題４のイラストを参照してください。

〈時間〉　10分

問題5　分野：行動観察

〈準備〉　なし

〈問題〉　**この問題の絵はありません。**

この課題は４人のグループで行う。
※グループのうち１人に動作を真似る動物を指示する。
①ジェスチャーゲームをします。お友だちが何の動物のマネをしているか当ててください。
※マネをする人を変え４回繰り返す。
②グーパー体操をします。先生のする通りに体を動かしてください。

※グーパー体操
①両手をパーにして前に出す。前に出した手のうち、片手をグーにしながら胸の前まで引っ込める。
②①で引っ込めた手をパーにしながら前に出すと共に、反対側の手をグーにして胸の前まで引っ込める。
③②のように、前に出す手をパー。引っ込める手をグーにし、交互に繰り返す。
①～③を歌を歌いながら数回繰り返す。

〈時間〉　適宜

問題6　分野：運動（サーキット運動）

〈準備〉　ビニールテープ、三角コーン４つ（２つ：ビニールテープが貼ってある５メートル先に３メートル間隔で置く、２つ：ドリブルする反対側の５メートル先にコーンをテープと平行にして置く）、ドッジボール

〈問題〉　**この問題の絵はありません。**

ビニールテープがスタート地点です。
先生の合図で課題を始めてください。
※マスクをつけて運動を行う。
①ドリブルしながら三角コーンへ行ってください。その際、８の字で三角コーンを回って、戻ってください。
②ビニールテープまで戻ってきたら、ボールを持ち、今ドリブルした反対側に置かれているコーンを越えるようにボールを投げてください。２回投げます。
③２回投げ終えたら、気を付けをして、終わりです。

〈時間〉　適宜

問題7　分野：面接（保護者面接）

この問題の絵はありません。

【母親へ】
・入学したら、どのようなことをやらせたいですか。
・オープンスクールのほかに何の行事に来ましたか。
・（上で答えた行事について）お子さまはどのような感想を持たれましたか。
・お子さまはどのような行事で活躍できると思いますか。
・成蹊の教育、児童についてどう思いますか。
・（事前に記入した資料を見て）お子さまの得意なことについて、最近のできごとを詳しく教えてください。
・お子さまには当校でどのように成長してほしいですか

【父親へ】
・オープンスクールにはいらっしゃいましたか。
・（上で答えたことに対して）それを見てどう思われましたか。
・お父さまの仕事内容をお聞かせください。
・お子さまに点数を付けるとしたら何点ですか。その点数を付けた理由も教えてください。
・当校の魅力についてお聞かせください。

〈時 間〉　適宜

家庭学習のコツ①　「先輩ママのアドバイス」を読みましょう！

本書冒頭の「先輩ママのアドバイス」には、実際に試験を経験された方の貴重なお話が掲載されています。対策学習への取り組み方だけでなく、試験場の雰囲気や会場での過ごし方、お子さまの健康管理、家庭学習の方法など、さまざまなことがらについてのアドバイスもあります。先輩ママの体験談、アドバイスに学び、ステップアップを図りましょう！

問題 1

①

②

③

④

問題 2

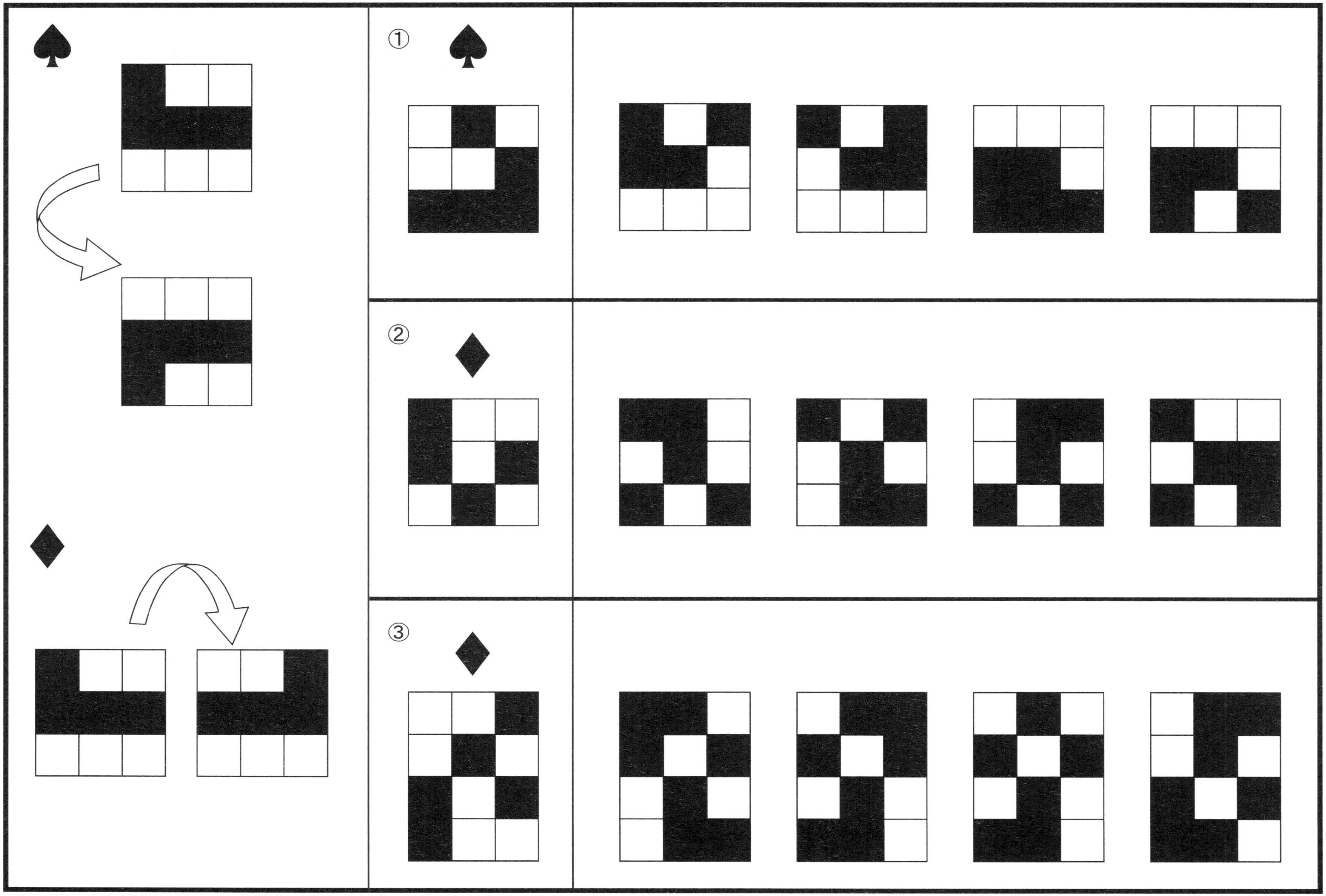

2022年度 成蹊小学校 過去 無断複製／転載を禁ずる

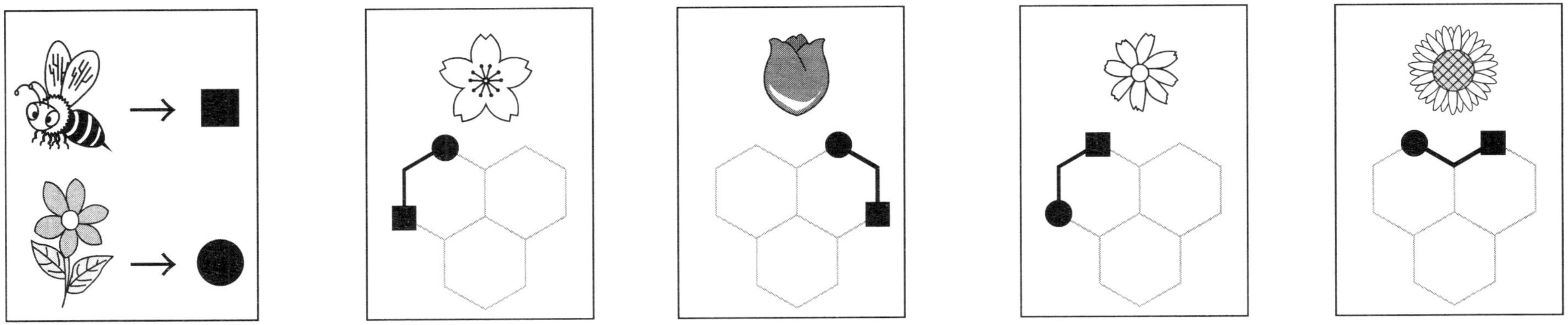

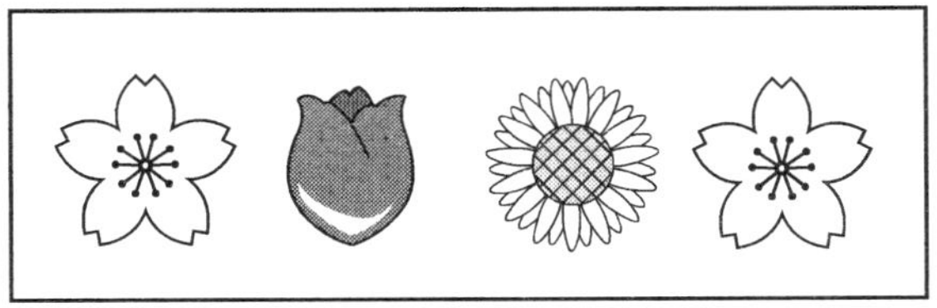

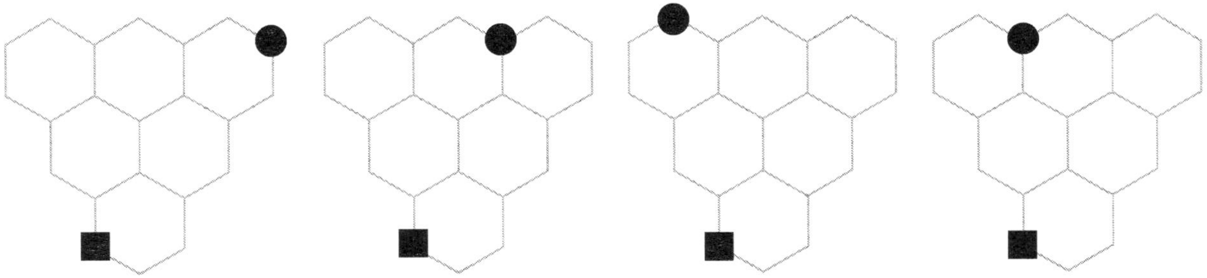

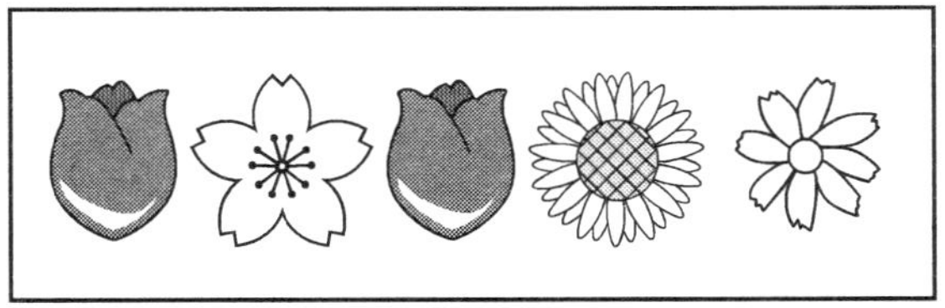

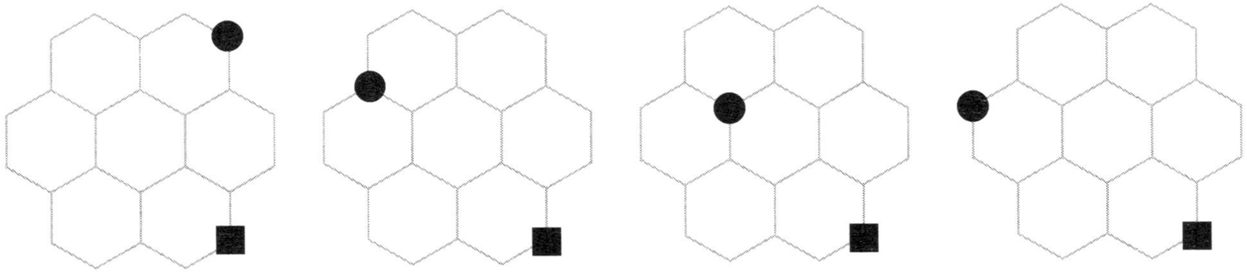

問題4

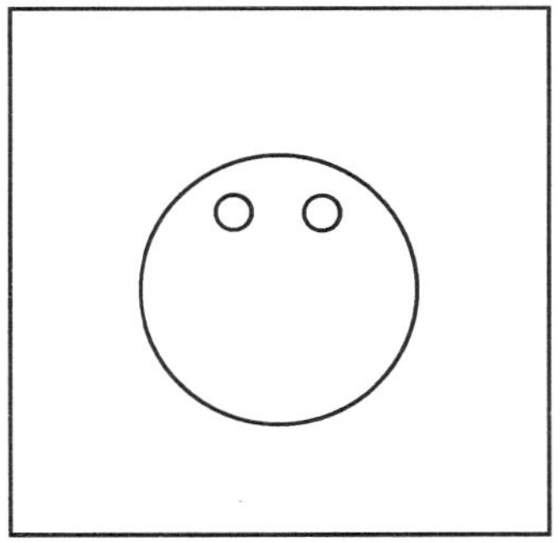

画用紙（円を描き、上部に穴を２つ開けておく）

折り紙（水色）

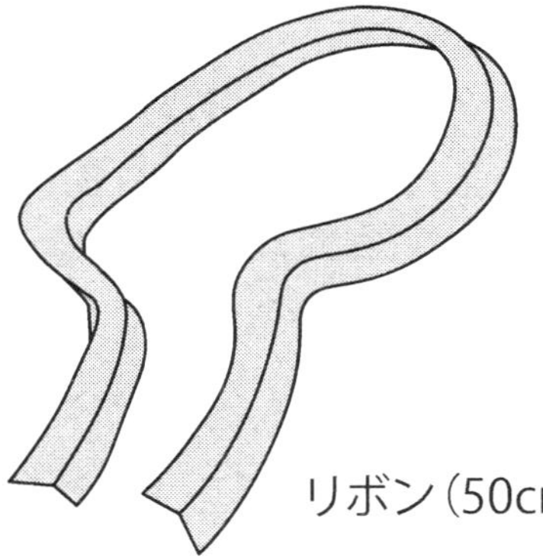

リボン（50cm程度）

①画用紙を枠線で切る。

②指示通りに折り紙で「イヌ」を折る。

③切り取った円形の画用紙（メダル）に「イヌ」をのりで貼る。

④円形の画用紙（メダル）の穴にリボンを通し、ちょう結びをする。

作成例

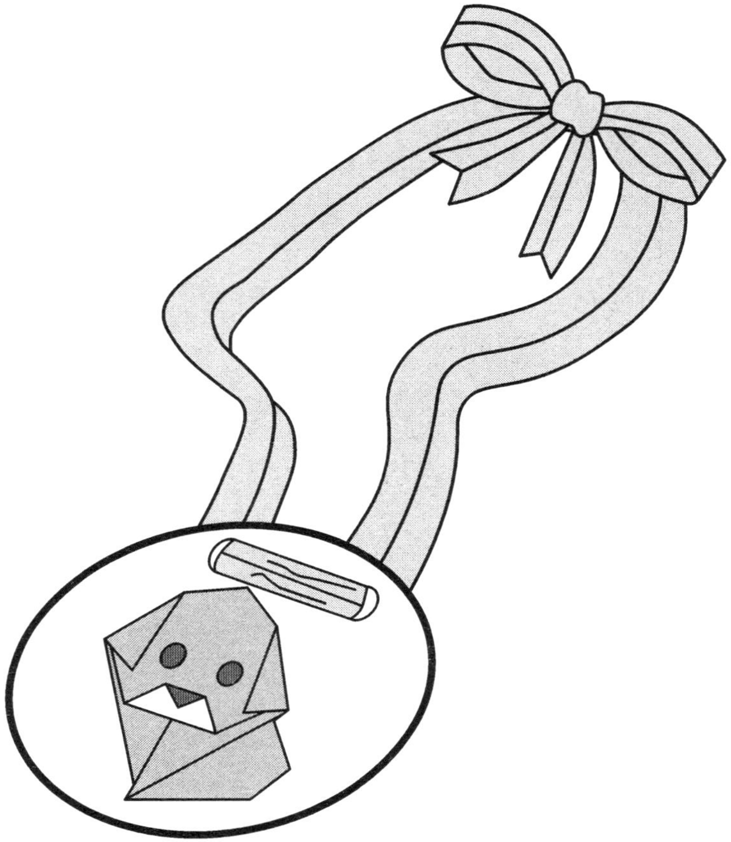

2021年度入試
解答例・学習アドバイス

解答例では、制作・巧緻性・行動観察・運動といった分野の問題の答えは省略しています。こうした問題では、各問のアドバイスを参照し、保護者の方がお子さまの答えを判断してください。

問題1　分野：記憶（お話の記憶）

〈解　答〉　①左端（コスモス）　②○：２　③○：５　④右から２番目（レモン）

当校のお話の記憶の問題と言えば、長文のお話にお話に関係のない問題が出題される、といった小学校受験ではやや難しい問題だったのですが、この問題はそれにくらべるとやや簡単になっています。お話を聞いていれば誰でも答えられるという問題ではありませんが、ポイントを整理しながら聞けば答えに困らないでしょう。お話のポイントは「誰が」「何を」「どのように」といったことですから、お話の場面をイメージしつつ、ストーリーを聞いていけば自然に頭に入ってきます。なお、当校の問題の傾向として、お話に登場したものの数や順序はよく聞かれることがあります。余裕があれば注意しておいてください。

【おすすめ問題集】

１話５分の読み聞かせお話集①・②、１話７分の読み聞かせお話集入試実践編①
お話の記憶 初級編・中級編・上級編、Ｊｒ・ウォッチャー19「お話の記憶」、
34「季節」

家庭学習のコツ②　**「家庭学習ガイド」はママの味方！**

問題演習を始める前に、試験の概要をまとめた「家庭学習ガイド（本書カラーページに掲載）」を読みましょう。「家庭学習ガイド」には、応募者数や試験科目の詳細のほか、学習を進める上で重要な情報が掲載されています。それらの情報で入試の傾向をつかみ、学習の方針を立ててから、対策学習を始めてください。

問題2　分野：図形（対称・重ね図形）

〈解 答〉　下図参照

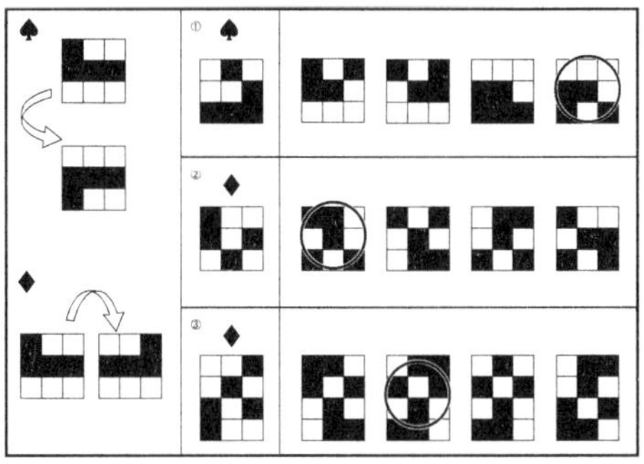

お約束という形で指示が出されている図形問題です。要は「左の図形を水平か垂直に反転させ、重ね合わせた時に全部のマスが黒くなるものは右の形のどれか？」という問題なのですが、慣れていないと何を聞かれているかさえわからないかもしれません。当校の図形や推理といった分野の問題は、ある程度対策学習を行っていることが前提になっているので、こうしたややひねった聞き方をしてくることがあります。対策としては、「反転すると、この形はこうなる」といったことがイメージできる程度に図形に慣れておくことです。そのためには、類題を数多く解くことが必要になるでしょう。

【おすすめ問題集】

Ｊｒ・ウォッチャー８「対称」、35「重ね図形」

問題3　分野：推理（座標の移動）

〈解 答〉　下図参照

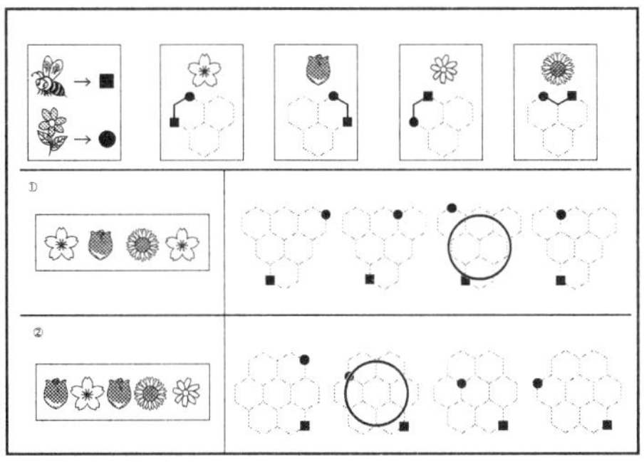

指示に従ってハチを移動させていく問題です。ルートが６角形の辺をたどる形になっているので難しそうに見えますが、解いてみるとそれほど難しい問題ではありません。花のマークの指示を守りながら、１つずつ進めていけばよいでしょう。スマートな解き方もありません。こういった問題を解く時にはとにかく落ち着くことが重要です。当校入試ではペーパテストの量はそれほどでもありませんが、難しい問題が多いので１つひとつの問題の比重が高くなっていますから、ケアレスミスは厳禁というわけです。

【おすすめ問題集】

Ｊｒ・ウォッチャー47「座標の移動」

問題4　分野：制作

制作の課題です。この制作で行う作業は、「紙を切る・折る・貼る」といった基本的なものです。折り紙の折り方は目の前で教えてくれるので、指示に従っていれば問題なく行えたでしょう。全体としては小学校のスタンダードな工作なので、無難に行いたいところです。今年度の入試では巧緻性の課題（箸でマメをつかむなど）はなく、作業する課題はこの工作だけでした。スムーズに作業を行い、年齢なりの器用さを見せるべきとは言えますが、出来上がりはそれほど差が付きません。保護者の方は、指示と時間を守れていればそれで合格としてください。なお、ちょう結びは当校でよく出題されます。一応は練習しておいてください。

【おすすめ問題集】
実践 ゆびさきトレーニング①②③、Ｊｒ・ウォッチャー23「切る・貼る・塗る」

問題5　分野：行動観察

行動観察は１グループの人数を少なくして行われましたが、内容は前回と同じです。当校の行動観察はこのように複数の課題（ゲーム）を行うことが多いので、指示が複雑になります。当然のことですがよく聞いておかないと、指示が守れなくなってしまうので集中しましょう。こういった課題は運動能力の優れたお子さまを見つけるためのものではなく、指示を守り、それを実行できるという能力があることをチェックするためのもの、ということを保護者の方は再確認しておいてください。もっとも、年齢なりの発育をしていないというほど運動ができない場合は、マイナスの評価を受けるかもしれないので、自信のない場合は練習をしておいてください。一度行えば充分です。

【おすすめ問題集】
Ｊｒ・ウォッチャー29「行動観察」

問題6　分野：運動

こちらも前回の入試と同じ運動の課題です。ボールを使う課題が多いのでお子さまが扱いに慣れていないなら、ある程度練習をしておいてください。月齢による配慮はありますが、課題が成立しないほどできないとさすがにマイナスです。指示を聞き、それを実行できるかという点がおもな評価のポイントであることはここでも変わりませんが、進行を妨げるほどできないとさすがにチェックされるということです。室外での運動が難しいようなら、室内でボールに触るだけでもかまいません。ボールに慣れておけば、この程度の課題ならその場でも行えるはずです。

【おすすめ問題集】
新運動テスト問題集、Ｊｒ・ウォッチャー28「運動」

問題7　分野：面接（保護者面接）

面接の内容は昨年通りのもので、特にコロナ関連の質問はなかったようです。リモートで行われた説明会などについても質問があったようなので、試験前にはまとめておきましょう。ほかには、家庭の教育方針、お子さまの得意科目、好き嫌いなどが例年の質問事項です。一般的によく聞かれることがほとんどですから、こちらもまとめておいてください。マナーはそれほどチェックされず、教育方針・当校との相性などについて聞かれることが多い、スタンダードな面接です。保護者として、一般常識が備わっていることを示せればよいので、マナーなどにそれほど気をつかう必要はありません。話し合うための面接と考えてください。

【おすすめ図書】
　新・小学校面接Q＆A、入試面接最強マニュアル

家庭学習のコツ③　効果的な学習方法～問題集を通読する

過去問題集を始めるにあたり、いきなり問題に取り組んではいませんか？　それでは本書を有効活用しているとは言えません。まず、保護者の方が、すべてを一通り読み、当校の傾向、ポイント、問題のアドバイスを頭に入れてください。そうすることにより、保護者の方の指導力がアップします。また、日常生活のさまざまなことから、保護者の方自身が「作問」することができるようになっていきます。

成蹊小学校　専用注文書

年　　月　　日

合格のための問題集ベスト・セレクション

＊入試頻出分野ベスト３

1st　お話の記憶

集中力　聞く力　知識

2nd　図　形

観察力　思考力

3rd　推　理

観察力　集中力

ペーパーテストの問題数は減っていますが、難しさは相変わらずです。合格にはある程度の学力が必要でしょう。行動観察はオーソドックスなものが多く、「指示の理解と行動」が主な観点です。

分野	書　名	価格(税込)	注文	分野	書　名	価格(税込)	注文
図形	Ｊｒ・ウォッチャー３「パズル」	1,650円	冊	図形	Ｊｒ・ウォッチャー46「回転図形」	1,650円	冊
図形	Ｊｒ・ウォッチャー４「同図形探し」	1,650円	冊	推理	Ｊｒ・ウォッチャー47「座標の移動」	1,650円	冊
図形	Ｊｒ・ウォッチャー７「迷路」	1,650円	冊	図形	Ｊｒ・ウォッチャー48「鏡図形」	1,650円	冊
図形	Ｊｒ・ウォッチャー８「対称」	1,650円	冊	巧緻性	Ｊｒ・ウォッチャー51「運筆①」	1,650円	冊
図形	Ｊｒ・ウォッチャー９「合成」	1,650円	冊	巧緻性	Ｊｒ・ウォッチャー52「運筆②」	1,650円	冊
推理	Ｊｒ・ウォッチャー15「比較」	1,650円	冊	図形	Ｊｒ・ウォッチャー54「図形の構成」	1,650円	冊
記憶	Ｊｒ・ウォッチャー19「お話の記憶」	1,650円	冊	推理	Ｊｒ・ウォッチャー58「比較②」	1,650円	冊
巧緻性	Ｊｒ・ウォッチャー23「切る・貼る・塗る」	1,650円	冊		お話の記憶問題集 中級編	2,200円	冊
運動	Ｊｒ・ウォッチャー28「運動」	1,650円	冊		お話の記憶問題集 上級編	2,200円	冊
行動観察	Ｊｒ・ウォッチャー29「行動観察」	1,650円	冊		面接最強マニュアル	2,200円	冊
推理	Ｊｒ・ウォッチャー31「推理思考」	1,650円	冊		１話５分の読み聞かせお話集①②	1,980円	各　冊
常識	Ｊｒ・ウォッチャー34「季節」	1,650円	冊		実践 ゆびさきトレーニング①②③	2,750円	各　冊
図形	Ｊｒ・ウォッチャー35「重ね図形」	1,650円	冊		新 運動テスト問題集	2,420円	冊
図形	Ｊｒ・ウォッチャー45「図形分割」	1,650円	冊				

合計	冊	円

（フリガナ） 氏　名	電　話
	ＦＡＸ
	E-mail
住所　〒　　　　－	以前にご注文されたことはございますか。 有　・　無

★お近くの書店、または記載の電話・FAX・ホームページにてご注文をお受けしております。
電話：03-5261-8951　FAX：03-5261-8953　代金は書籍合計金額＋送料がかかります。
※なお、落丁・乱丁以外の理由による商品の返品・交換には応じかねます。

★ご記入頂いた個人に関する情報は、当社にて厳重に管理致します。なお、ご購入の商品発送の他に、当社発行の書籍案内、書籍に関する調査に使用させて頂く場合がございますので、予めご了承ください。

日本学習図書株式会社
http://www.nichigaku.jp

2020年度以前の入試問題

問題8　分野：お話の記憶

〈準備〉　青色のサインペン

〈問題〉　**この問題の絵は縦に使用してください。**

お話をよく聞いて、後の質問に答えてください。

あおいちゃんとけんたくん、かなえちゃんはいっしょに帰っています。明日は山へ遠足に行く日です。「明日登る山だよ！」とけんたくんが指をさしました。けんたくんが指をさした先に、山が小さく見えました。とても小さく見えたので、あおいちゃんとかなえちゃんはすぐ登れそうだねと笑いました。次の日、あおいちゃんはお気に入りの星柄の白色のリュックにお弁当、折り紙、水筒、クッキーを入れて、家を出ました。学校に着くと、あおいちゃんはかなえちゃんの姿をすぐに見つけました。ぞろぞろとクラスのみんなが集まってきて、最後にけんたくんがやってきました。けんたくんがいつも乗っている電車が遅れていたそうです。あおいちゃんはけんたくんに「間に合ってよかったね」と言いました。みんな揃い、さあ出発です。山へは、バスで向かいました。あおいちゃんは昨日小さく見えていた山が、だんだんと大きくなっていくので驚きました。山に着くと、セミがミンミンと鳴いているのが聞こえます。「さあ山へ登りましょう」と先生が言うと、ゴロゴロと音がなりはじめ、雨が降り出しました。近くのコテージで雨宿りをすることになり、そのままみんなでお弁当を食べることにしました。あおいちゃんのお弁当には、おにぎりが２つ、ミニトマトが３つ、たまごやきが２つ入っていました。けんたくんのお弁当にあおいちゃんが大好きなウィンナーが２つ入っていたので、たまごやき２つと交換してもらいました。あおいちゃんはお弁当をとてもおいしく食べていましたが、おにぎりのサイズが大きくて、おなかいっぱいになってしまいました。あおいちゃんはおにぎりを１つだけ残してしまいました。弁当を食べ終わり、あおいちゃん、かなえちゃん、けんたくんはコテージの窓から外を眺めていましたが、雨はなかなか止みません。しばらくすると、先生が山登りを中止にすると言いました。あおいちゃんはとても残念でしたが、雨はさっきよりもざあざあと降っているので、仕方ないと思いました。あおいちゃんたちは折り紙で遊ぶことにしました。あおいちゃんは３枚、かなえちゃんは２枚、けんたくんは４枚折りました。先生に「何を折っているの？」と聞かれたので、けんたくんは「カブト」、あおいちゃんは「チューリップ」、かなえちゃんは「ウサギ」と答えました。あおいちゃん、けんたくん、かなえちゃんは「山登りはできなかったけど、折り紙で遊ぶのもたのしいね」と言いました。

家庭学習のコツ④　効果的な学習方法～お子さまの今の実力を知る

１年分の問題を解き終えた後、「家庭学習ガイド」に掲載されているレーダーチャートを参考に、目標への到達度をはかってみましょう。また、あわせてお子さまの得意・不得意の見きわめも行ってください。苦手な分野の対策にあたっては、お子さまに無理をさせず、理解度に合わせて学習するとよいでしょう。

（問題８の絵を渡す）
①あおいちゃんが遠足へ行った季節を選んで○をつけてください。
②あおいちゃんが持ってきたお弁当の中身の正しいものに○をつけてください。
③あおいちゃんは折り紙を何枚折りましたか、折った枚数の数だけ○を書いてください。
④あおいちゃんが残したお弁当のおかずは何ですか、選んで○をつけてください。
⑤あおいちゃんが背負っているもので正しいものに○をつけてください。
⑥あおいちゃんが折り紙で折ったものと同じ季節のものを選んで○をつけてください。

〈時 間〉 各15秒

〈解 答〉 ①左から２番目（スイカ）　②右端　③○：３つ
④右から２番目（おにぎり）⑤左から２番目　⑥左端（サクラ）

[2020年度出題]

学習のポイント

当校のお話の記憶で扱われるお話は、お子さまが内容や情報を整理して聞くにはかなり長文です。ここ数年以上この長さのお話で出題されているので、集中力や記憶力の持続は必須ということになります。約1000字の長文で４、５人の登場人物がさまざまなことを言うといった内容が多いので、情報を頭のなかで整理しながら聞かないと解答することも難しくなるというわけです。日頃から読み聞かせを繰り返し、そこでコツを学びましょう。また、同じような長さのお話を扱った問題をこなして、試験さながらの学習をするだけでなく、たまにはふだん読んでいる絵本で、読み終えた後に質問をするということもしてみてください。最初からこの長さのお話に取り組むと、お話の記憶の問題に苦手意識を持ってしまうかもしれませんから、まずは短いお話をしっかりと１回で聞き取れるようにしましょう。その方が、案外早くこうした問題に対応できるようになるでしょう。

【おすすめ問題集】
１話５分の読み聞かせお話集①・②、
お話の記憶 初級編・中級編・上級編、Ｊｒ・ウォッチャー19「お話の記憶」、34「季節」

問題9　分野：図形（同図形探し）

〈準備〉　青色のサインペン

〈問題〉　１番上の段を見てください。左のお手本と同じ絵を、右の４つの絵の中から選んで、○をつけてください。できたら、ほかの段も同じようにやりましょう。絵の中には、向きが違うものもあります。

〈時間〉　各15秒

〈解答〉　①左から２番目　②右から２番目　③右端　④右端

［2020年度出題］

学習のポイント

図形分野は当校入試の頻出分野です。今回出題されている同図形探しだけでなく、回転図形や重ね図形も過去に出題されています。「ヤマを張る」のは難しいので、図形分野はどの問題が出てきても答えられるように学習するしかない、ということになります。当校の同図形探しの問題は、選択肢が見本と違う向きになったり、回転したりしています。この点がよく見られる同図形探しの問題より難しいと感じさせるポイントです。これに惑わされないように、見本の細かい部分を観察することを心がけましょう。例えば③の場合ですが、左の見本は、大きな円の周りに配置されている円が８つあります。その８つの中で黒く塗られている円が２つあり、しかもその配置は不均等です。この「不均等に配置されている２つの黒い円」に注目して、形を比較していけば、すぐに答えはわかるということになります。繰り返しにはなりますが、元になる形の細かい部分を正確に観察し、選択肢と見比べて違いを見つける、というのが同図形探しの問題を解くもっとも効率よい方法なのです。

【おすすめ問題集】

Ｊｒ・ウォッチャー４「同図形探し」

問題10　分野：推理

〈準　備〉　青色のサインペン

〈問　題〉　サルくんはバナナを採りに行きます。バナナを採るためには「□」は左、「△」は右、「◇」は上、「☆」は下に進むという条件を守らなければいけません。サルくんはどの道を通ってバナナを採りに行ったのか、線でなぞりましょう。太くなっている記号からはじめてください。

〈時　間〉　各30秒

〈解　答〉　下図参照

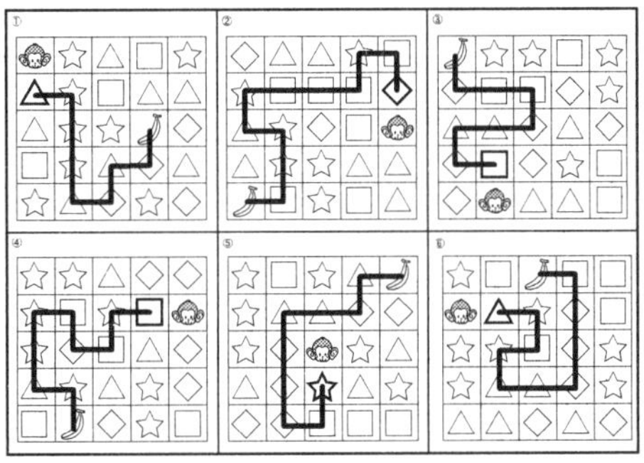

［2020年度出題］

学習のポイント

本問は条件に従って、目的地までの道順の線を引くという問題です。こういった問題なら当然ですが、指示された条件をしっかりと理解しなければ解くことができません。最初に先生によって説明がされるのできちんと理解してから、問題を解いていきましょう。指示は細かく出ていますが、それほど考えさせる要素はないので、素直に指示を聞いて、問題を解いていけばよいということになります。ただし、１問あたりの解答時間は30秒と短いので、速く正確に答える必要があります。時間がないからといって、勢いよく線を引かず、ていねいに１本ずつ線を引いていくことを心がけてください。ていねいに線を引くという意識があれば、自然と解答の精度も上がってきます。

【おすすめ問題集】

Ｊｒ・ウォッチャー31「推理思考」、47「座標の移動」

問題11　分野：巧緻性（マメつかみ）

〈準備〉　子ども用塗り箸、お皿、マメ20粒、透明な容器

〈問題〉　**この問題は絵を参考にしてください。**
これからお皿に入っているマメを、お箸を使って透明な容器に移してもらいます。マメを移す時、お皿の方は押さえてもよいですが、マメを移す方の容器を触ってはいけません。私（出題者）が「はじめ」と言ったら、箸を手にとって始めてください。「やめ」と言ったら、お箸を元の場所に戻してください。

〈時間〉　適宜

〈解答〉　省略

［2020年度出題］

学習のポイント

この課題は当校ではよく出題されています。正しい箸の使い方は、生活の基本とも言えます。つまり、この課題では日頃からしっかりと躾されている子かどうか観られているということです。躾をする保護者の方が正しい箸の使い方ができていないと、お子さまも真似て学ぶということができないでしょうから、まずは保護者の方自身の箸の使い方を確認しておきましょう。正しく箸を使えないと、箸の先に力が入らず、マメのように表面がツルツルした小さなものをつかむことが難しくなります。また、正しく箸を使えていたとしても、試験会場のようにふだんと違う雰囲気で行われると緊張して、いつも通りの箸使いができない場合があります。まずは落ち着くことです、それから試験だからと言って、緊張しないように作業に慣れておくことが重要です。

【おすすめ問題集】
　Ｊｒ・ウォッチャー７「迷路」、51「運筆①」、52「運筆②」

問題12　分野：行動観察

〈準備〉　いす、太鼓

〈問題〉　**この問題の絵はありません。**
①いすの背に寄りかからずに姿勢を正しく座ってください。
②おへその前で手を重ね、左右の親指を合わせてモモの実の形を作ってください。
③太鼓が１回鳴ったら目を閉じてください。もう１回鳴ったら目を開けてください。

〈時間〉　適宜

〈解答〉　省略

［2020年度出題］

学習のポイント

この課題は当校独特といえるでしょう。「凝念（ぎょうねん）」と呼ばれるこの行為は、成蹊学園全体で創立当初から学生・生徒・児童たちに指導されている精神集中法です。「岡田式静座法」という大正時代に流行した民間療法に、座禅の一部を取り入れたもので、「凝念（ぎょうねん）」という名称は創立者の中村春二によって命名されました。念を凝らす、つまり、精神を集中する様子にちなんで名付けられたこの行為は、呼吸を整え、身体と精神を統一することで集中力やリラックス効果があるようです。この課題ですから、特に出来の良し悪しがあるわけではありませんが、1つひとつの指示を正確に取り組むという姿勢を見せることはとても大切です。

【おすすめ問題集】

Ｊｒ・ウォッチャー29「行動観察」

問題13　分野：行動観察

〈準 備〉　ボール（ハンドボールぐらいの大きさ）

〈問 題〉　この問題の絵はありません。

この課題は10人程度のグループで行う。

①「ゴロピカドカン・ゲーム」をしましょう。みんなで輪になって、外側を向いて立ってください。はじめは先生がオニになりますから、ルールを覚えてください。では、ボールを受け取ってください。

②私がゴロゴロと言ったら、右の子からどんどんボールを渡していきましょう。

③私がピカピカと言ったら、ボールをゴロゴロのときと反対方向へ渡していきましょう。

④私がドカンと言ったら、そのときボールを持っていた人が、次のオニです。

⑤ボールをとなりの人に渡して、輪の中に入って、私と代わってください。

※このようにして、しばらく「ゴロピカドカン・ゲーム」を続けましょう。（５～６分程度続ける）

〈時 間〉　適宜

〈解 答〉　省略

［2020年度出題］

学習のポイント

この課題は以前にも出題されたことがあるものです。ゲーム自体はあまり馴染みのない当校独特なものです。戸惑ってしまい、課題を行う前に不安になってしまうお子さまもいるかもしれません。もし不安になったら、開始前に先生が行う見本の動作を確認しましょう。しっかりと指示を聞き、理解できれば、それほど難しくない課題だとわかるはずです。もちろん、ただ指示を聞くだけでなく、課題を積極的に取り組み、楽しんでいることも表現した方がよい評価を得ることができるでしょう。お子さまが、体を動かしたり、ほかのお子さまと接したりすることに苦手意識を持っているのであれば、公園で遊ぶなど、体を動かして、ほかのお子さまと触れ合う機会を与え、そういったことが楽しいこととお子さまが思えるような工夫をしてあげてください。

【おすすめ問題集】

Ｊｒ・ウォッチャー29「行動観察」

問題14　分野：運動（サーキット運動）

〈準備〉　ビニールテープ、三角コーン４つ（２つ：ビニールテープが貼ってある５メートル先に３メートル間隔で置く、２つ：ドリブルする反対側の５メートル先にコーンをテープと平行にして置く）、ドッジボール

〈問題〉　**この問題の絵はありません。**

ビニールテープがスタート地点です。

先生の合図で課題を始めてください。

①ドリブルしながら三角コーンへ行ってください。その際、８の字で三角コーンを回って、戻ってください。

②ビニールテープまで戻ってきたら、ボールを持ち、今ドリブルした反対側に置かれているコーンを越えるようにボールを投げてください。２回投げます。

③２回投げ終えたら、気をつけをして、終わりです。

〈時間〉　適宜

〈解答〉　省略

［2020年度出題］

学習のポイント

当校で出される運動の課題は、年齢相応の運動能力と体力があれば、こなせるでしょう。今回の課題はボールを使う動作がメインです。ボールを投げたり、ドリブルしながら走ることが苦手なら、練習をしておいた方がよいでしょう。運動の課題ではボールを使って動作をする課題が例年出題されているからです。当校の求めている運動能力や体力は、ボールの扱いがこの課題程度ならできるという年齢相応の運動能力です。逆に言えば、それ以上の能力は求められていないのですから、上手にできたり、はやくこなすということは考えなくもよいということになります。観点は「指示通りしっかりとこなせているか」ということだけなのです。その点を意識して、１つひとつの動作をていねいにこなすことを心がけましょう。

【おすすめ問題集】
新運動テスト問題集、Ｊｒ・ウォッチャー28「運動」

問題15　分野：面接（保護者面接）

この問題の絵はありません。

【母親へ】
・入学したら、どのようなことをやらせたいですか。
・オープンスクールのほかに何の行事に来ましたか。
・（上で答えた行事について）お子さまはどのような感想を持たれましたか。
・お子さまはどのような行事で活躍できると思いますか。
・成蹊の教育、児童についてどう思いますか。
・（事前に記入した資料を見て）お子さまの得意なことについて、最近のできごとを詳しく教えてください。
・お子さまには当校でどのように成長してほしいですか

【父親へ】
・オープンスクールにはいらっしゃいましたか。
・（上で答えたことに対して）それを見てどう思われましたか。
・お父さまの仕事内容をお聞かせください。
・お子さまに点数を付けるとしたら何点ですか。その点数を付けた理由も教えてください。
・当校の魅力についてお聞かせください。

〈時間〉　適宜

〈解答〉　省略

[2020年度出題]

学習のポイント

当校では試験日とは別の日に保護者面接が行われます。保護者に対して３人の面接官が質問します。オープンスクールなどの行事への参加の有無、その行事についての感想は必ず問われるようです。行事への参加はもちろん、感想を忘れずまとめておきましょう。ほかには家庭の教育方針、お子さまの得意科目、好き嫌いなどが例年の質問事項です。一般的によく聞かれることがほとんどですから、綿密な準備は必要ないでしょう。両親の間で質問に対する意見が食い違わないように話し合っておけば十分です。方向性さえいっしょであれば、両親の答えに細かな違いがあってもそれほどマイナスの評価は受けません。当校のような難関校の面接では、マナーが重視されるとよく耳にしますが、本来の目的は志願者本人の資質と家庭環境を評価することです。マナーを守ることに囚われすぎて、家庭の教育方針や本人の希望など、伝えるべきことを面接官に伝わらないようでは本末転倒です。

【おすすめ図書】

新・小学校面接Ｑ＆Ａ、入試面接最強マニュアル

問題16　分野：お話の記憶

〈準　備〉　青色のサインペン

〈問　題〉　**この問題の絵は縦に使用してください。**

お話をよく聞いて、後の質問に答えてください。

タヌキのポン太くんは、公園の近くの家に住んでいます。ある日、ポン太くんは、シマシマのシャツを着て、長ズボンを履き、お気に入りの野球帽を被っています。隣町のおばあちゃんの家へ出かけました。出かける時にお母さんが、「おばあちゃんに渡してね」と言って、クッキーの入った箱をくれたので、クッキーの箱が入った手提げ袋も持っています。家を出てしばらくすると信号機のない交差点にさしかかりました。ポン太くんが渡ろうとすると、トラックが走ってきて危うく轢かれそうになりました。ゴリラの運転手さんが、通り過ぎる時に「コラッ！危ないじゃないか」と大声で言いました。ポン太くんは「面倒だなあ」と思いましたが、すぐそばにある歩道橋を渡って、道路の向こう側に行き、駅までの道を歩き始めました。おばあちゃんの家は電車で２つ目の駅のすぐそばにあります。そこから10分ぐらい歩いて駅に着きました。ポン太くんがきっぷを買っていると電車が来たので、急いで電車に乗り込みます。電車に乗ると、たくさんの人が乗っていて席が空いていませんでした。次の駅に着くと、たくさん人が降りて、席が１つ空きました。ポン太くんが急いで座ると、目の前にヤギのおじいさんが立っていました。ポン太くんは「すぐに降りるのでどうぞ」と言っておじいさんに席を譲りました。電車がおばあちゃんの家の近くの駅に着きました。降りようとするとヤギのおじいさんが、「ありがとう」と言ってくれました。電車から降りて、すぐにおばあちゃんの家に歩いて行きました。おばあちゃんの家に着くと、ちょうどお昼ご飯の時間でした。「ポン太、お腹は減った？」とおばあちゃんが聞くとポン太くんは「ペコペコだよ」と答えました。お昼ご飯を食べたあと、家から持っていたクッキーを食べながらおばあちゃんと楽しく話していると、あっという間に夕方になりました。「そろそろ帰るよ」とポン太くんが言うと、おばあちゃんは「これを持って帰りなさい」と言って、手提げ袋いっぱいの赤いカキと箱に入ったショートケーキをくれました。

①ポン太くんが家から持っていったものは何ですか。○をつけてください。
②このお話の２つ前の季節の絵を選んで○をつけてください。
③このお話のポン太くんはどれですか。○をつけてください。
④ポン太くんが叱られたのは誰ですか。○をつけてください。
⑤ポン太くんが道を渡る時に通ったものはどれですか。○をつけてください。
⑥おばあちゃんがおみやげにくれたものはどれですか。○をつけてください。

〈時　間〉　各15秒

〈解　答〉　①○：クッキー　②○：入学式（春）　③○：左端　④○：ゴリラの運転手
⑤○：歩道橋　⑥○：カキとショートケーキ

［2019年度出題］

学習のポイント

当校のお話の記憶で題材とされるお話は長文なので、情報量も多いのが特徴です。よく見られるのは、主人公が外出して、誰かに会う、何かを経験するといったストーリーでしょう。自然と場面転換や登場する人物・ものが自然と多くなり、それを説明すると文章が長くなるというわけです。さまざまなものが登場しますから、ストーリーとは直接関係ない分野の質問（季節や理科的常識など）、つまり、応用力が必要な出題が多いのも当然でしょう。こうした問題に対応するには、とにかく混乱しないことです。「登場人物は～と～」「～は～した」といったポイントを整理しながら聞いてください。そのポイントの中に応用問題の答えを含んでいることが多いようです。「お話の２つ前の季節の絵を選ぶ」という、少し捻った出題がありますが、これも「（果物の）カキをもらった」という箇所を聞き逃さなければ、なんとか答えることができるでしょう。

【おすすめ問題集】

１話５分の読み聞かせお話集①・②、１話７分の読み聞かせお話集入試実践編①、
お話の記憶 初級編・中級編・上級編、Ｊｒ・ウォッチャー19「お話の記憶」、34「季節」

問題17　分野：推理（ブラックボックス）

〈準 備〉　青色のサインペン

〈問 題〉　１番上の段を見てください。○が★を通ると１個増えます。◎を通ると２個増えます。△を通ると１個減り、□を通ると２個減ります。☆を通ると○と●が逆に変わります。このお約束の通りに左の四角にある○が形を通っていくと、最後はどのようになるでしょう。右端の四角に書いてください。上から２段目から、３問続けて答えてください。

〈時 間〉　各30秒

〈解 答〉　①●●●　②○○　③●●●

［2019年度出題］

学習のポイント

「ブラックボックス」の問題です。他校でもよく見られるトンネルを通ると通ったものの数が変わるという問題ですが、当校らしい「○が●に変わる」という少しひねった条件も含まれています。解答時間が短く、じっくりと考える時間はないでしょうが、問題のルールを正確に理解していれば、それほど慌てなくても正解できるはずです。こういった「ある程度のスピードと精度を同時に要求する問題が苦手」というお子さまは、まずは精度を上げる練習をしましょう。精度を上げるには、問題の正確な理解が必要です。正確な理解のためには、たとえば、図形を通るたびに○がいくつになったかを実際に○で書いてみるといった工夫も効果的でしょう。精度が低いまま、解答のスピードを上げても仕方がありませんから、まずは正しい答えが導ける工夫をするということです。

【おすすめ問題集】

Ｊｒ・ウォッチャー32「ブラックボックス」

問題18　分野：図形（図形の構成）

〈準備〉　青色のサインペン

〈問題〉　左端の四角にある形を点線で切ります。切った形を組み合わせたものはどれですか。同じ段の右の四角から選んで○をつけてください。

〈時間〉　各30秒

〈解答〉　①左端　②右から２番目　③左から２番目　④右端

［2019年度出題］

学習のポイント

単純な図形の対称や回転といった問題ではないので、かなり難しい問題と言ってもよいでしょう。「切り離された形（ピース）をイメージして、それを頭の中で移動させ、見本の形と比べる」という３段階の思考を１問あたり30秒で行うのは、「慣れ」が必要です。ここで言う「慣れ」というのは、１つは図形をイメージして、それを移動させたり、反転させたりすることが容易にできること、もう１つは２つの図形を見比べてその違いを発見することが容易にできることです。難しい言い回しになってしまいましたが、前者はタングラムなどの「パズル」で鍛えられる感覚、後者は２つの絵の違いを発見する、「間違い探し」で鍛えられる感覚、と言えば少しはわかりやすいでしょうか。この２つの能力は、あらかじめ備わっているものではなく、図形分野の問題を数多く解いていくうちに身に付くものです。まずは簡単なものから始め、だんだんと複雑な問題へとステップアップしていきましょう。

【おすすめ問題集】

Ｊｒ・ウォッチャー４「同図形探し」、45「図形分割」、54「図形の構成」

問題19　分野：巧緻性（運筆）

〈準備〉　筆ペン

〈問題〉　☆から★までをヘビの模様に当たらないように線を引いてください。

〈時間〉　2分

〈解答〉　省略

［2019年度出題］

学習のポイント

条件にそって、迷路を進む問題ですが、考える要素はありません。ここでは筆記用具を使うことに慣れているか、条件通りに線が引けているかについて観られていると思ってよいでしょう。筆ペンを使用するのは、お子さまが普段使い慣れていない道具にどのようにアプローチするかを観ているからです。筆ペンを使用する時に、試験では試行錯誤している時間はありません。とりあえず線を引き始め、引きながら筆ペンの特性を理解するしかないでしょう。力を入れすぎると線が太くなりすぎてしまう、力が入っていないとかすれてしまう、または気を付けないと手が墨で汚れてしまう、といったことを線を引きながら学ぶわけです。もちろん、上手に線が引けたほうが良いでしょうが、結果についてはそれほど気にしなくてもよいはずです。積極的に道具を使用することにチャレンジする姿勢を見せましょう。

【おすすめ問題集】
　Ｊｒ・ウォッチャー7「迷路」、51「運筆①」、52「運筆②」

問題20　分野：行動観察（巧緻性）

〈準備〉　スモッグ、紙製の箱（箱の蓋部分に穴が4ヶ所空いている）、ひも（2本）

〈問題〉　**この問題の絵はありません。**
これから私（出題者）の言うとおりにしてください。
①箱に入っているスモッグを着てください。
②箱の蓋にひもを通して、ちょうちょ結びでとめてください。
　※テスターがひもを結ぶ見本を見せる。
③スモッグを脱ぎ、最初に入っていたようにしまってください。

〈時間〉　3分

〈解答〉　省略

［2019年度出題］

学習のポイント

例年出題されている生活巧緻性の課題です。制限時間がある中で、課題をこなすのですから、日常では無難に行えることでも緊張してあわてたり、普段では考えられないような失敗をしてしまうかもしれません。そういった緊張しやすい傾向のあるお子さまには「きちんとやりなさい」というような結果を求めるようなことを言うと、プレッシャーを感じてさらに失敗を重ねるでしょう。これを解決するには、課題に取り組む際に、１つの指示しか与えないようにすることです。行動観察の課題なら、「指示を聞いて理解する」という１点でよいでしょう。行動観察の問題は人より器用なところが評価されるわけではなく、指示を理解することができるコミュニケーション能力が評価されるのです。なお、ここでは「ひもを結ぶ」という課題が出されていますが、当校では頻出の課題です。ちょうちょ結びの練習など、年齢相応にできるはずの作業は、試験前に度はやっておきましょう。

【おすすめ問題集】

実践ゆびさきトレーニング①②③、Ｊｒ・25「生活巧緻性」、29「行動観察」、30「生活習慣」

問題21　分野：複合（行動観察・運動）

〈準 備〉　円形の布（直径２ｍ程度、問題14のイラスト参照）、ボール
※この問題は５人のグループで行う。

〈問 題〉　**この問題は絵を参考にしてください。**
①お友だちと一緒に、円い布の端を、ボールが落ちないように持ってください。
②先生が言うマークの場所にボールを動かしてください（以下、「チョキ」「グー」「リンゴ」「バナナ」などのマークを指示する）。

〈時 間〉　適宜

〈解 答〉　省略

［2019年度出題］

学習のポイント

パラバルーンという遊具を使った課題です。グループでの行動観察は協調性が観点ですが、息を合わせて行なわないとうまく遊べない遊具を使っているのはそのためでしょう。もっとも、難しいことは考える必要はありません。布に載せられたボールの動きを見ながら、自分がどのように手を動かせばいいかを考えつつ、タイミングを合わせて手を動かすだけでよいのです。ほかの志願者に指示ができるようならなおよいでしょうが、声が出なくても、表情や動作に他人を思いやる気持ちが表れていれば、悪い評価は受けません。当校の行動観察は指示の理解と実行に重点があり、全員の意見をまとめる、あるいは行動を指示するといったリーダーシップはあまり観られていないようです。無理に目立とうなどとせず、ふだんどおりの行動を試験でも行いましょう。

【おすすめ問題集】

Ｊｒ・ウォッチャー29「行動観察」、30「生活習慣」

問題22　分野：運動（サーキット運動）

〈準　備〉　ビニールテープ、三角コーン、ドッジボール

〈問　題〉　**この問題は絵を参考にしてください。**

（この問題は10人程度のグループで行う）

はじめに準備体操をします。私（出題者）と同じように体操をしてください。

①右手ブラブラ、左手ブラブラ

②右足ブラブラ、左足ブラブラ

③お尻を動かす、首を回す

それでは運動を始めます。お手本をよく見てそのとおりにやってもらいます。

①スタートの位置から、体育館を１周、全力で走ってください。

②ボールを左右の手で交互にドリブルします。コーンの回りを８の字に２周してください。

③３本のゴムを跳び越えて、ゴールまで走ってください。

④鉄棒にぶら下がってください。できるだけ長い時間ぶら下がるようにがんばりましょう。

〈時　間〉　適宜

〈解　答〉　省略

［2019年度出題］

学習のポイント

例年行われる運動テストです。試験では４種類すべての運動をするわけではなく、このうち２種類の運動を選んで実施されます。運動の問題は、「指示をしっかりと理解して指示の通りにすればよい」というのは小学校受験のセオリーです。ここでは珍しく運動の質についての指示（例えば①では「思いっきり」、④では「できるだけ長い時間」など）がありますが、これは能力を測っているわけではなく、取り組む姿勢を観ていると考えましょう。保護者の方は、お子さまに「結果はあまり気にせず、元気よくやりなさい」といった言葉をかけてください。その姿勢さえうかがえれば、悪い評価はされないはずです。

【おすすめ問題集】

新運動テスト問題集、Ｊｒ・ウォッチャー28「運動」

問題23　分野：お話の記憶

〈準 備〉　青色のサインペン

〈問 題〉　**この問題の絵は縦に使用してください。**

今日はこうたくんが楽しみにしていた遠足の日です。1年生のみんなで、山登りに行くのです。こうたくんはいつもより早起きをして、しっかりと準備をしました。お気に入りのリュックサックに着替え用のシャツと帽子を入れました。山を歩いている時に木の枝でケガをしないように、長袖のシャツを着て、長ズボンをはきました。水に濡れてもいいように、長靴もはきました。「さあ、準備ができた」とこうたくんが言うと、お母さんがお弁当とつめたいお茶の入った水筒を持たせてくれました。お母さんは「クマよけの鈴も持って行きなさい」と言って、大きな鈴をつけてくれました。空はくもっていたので、雨が降らないか心配でしたが、こうたくんは元気に学校へ向かいました。

みんなで学校に集まってから、バスにのって出発です。まことくんは「僕はお弁当にサンドイッチを持ってきたよ」といって、大きなサンドイッチを見せてくれました。さつきさんは「頂上についたら、バトミントンをしようよ」と目を輝かせながら言いました。こうたくんも早く山を登りたくってしょうがありません。みんなで楽しくお話をしているうちに、バスが山のふもとに着きました。おひさまも出てきて暖かくなってきました。もう雨の心配はなさそうです。

みんな手をつないで山登りを始めました。山道はとても涼しくて、小鳥たちの楽しそうな声が聞こえます。しばらく進んでいくと、小さな川が見えてきました。川は少し曲がっていて、ゆっくりと水が流れていました。川の両岸には黄色い花がたくさん咲いています。川に橋はかかっていなかったので、向こう岸までは渡れそうにありませんでした。こうたくんたちは、川岸で少し休んでから、頂上を目指して歩き出しました。

山の頂上の広場に着きました。広場の展望台から遠くをみると、こうたくんの通う学校が見えました。「ぼくたちの学校が、あんなに遠くにあるよ」こうたくんはとても驚きました。それからベンチに座って、みんなでお弁当を食べました。とってもおいしかったです。お弁当の後に、みんなでバトミントンをしました。こうたくんは上手に打ち返すことができず、さつきさんに負けてしまいました。

そろそろ帰る時間です。たくさん汗をかいたので、こうたくんはシャツを着替えました。そして、帽子をかぶり、トイレに行ってから、山を下り始めました。川のところで、お母さんにお土産の花を摘みました。暑くなってきたせいか、もう小鳥の声は聞こえません。「今日はとても楽しかったね」と言いながら、こうたくんたちはふもとに向かって歩いていきました。

（問題23の絵を渡す）
①朝、こうたくんはどのような格好で出発しましたか。選んで○をつけてください。
②途中にあった川はどんな様子でしたか。選んで○をつけてください。
③川のまわりにあった黄色いものは何でしたか。選んで○をつけてください。
④こうたくんとさつきさんは、何をして遊びましたか。選んで○をつけてください。
⑤山の頂上からは、何が見えましたか。選んで○をつけてください。
⑥このお話には何人の人が出てきましたか。人の数だけ○に色を塗ってください。
⑦このお話の中で、お天気はどのように変わりましたか。正しいものに○をつけてください。

〈時間〉　各15秒

〈解答〉　①右端　②右から２番目　③左から２番目　④左端
⑤左端　⑥○：５　⑦右から２番目

［2018年度出題］

学習のポイント

当校のお話の記憶は長文が多く、お話の細かい部分を聞く質問や、ストーリーとは直接関係のない常識分野の知識を問う問題がよく出題されています。お話の細かい部分まで記憶しなければならないので、高度な聞き取りが要求される難問と言えます。読み聞かせを繰り返して、情景を思い浮かべながら聞き取れるように練習し、常識分野の知識を補っていきましょう。お子さまの状態や指導目的に合わせて、過去問題集への取り組み方は変えていかなければなりません。たとえば、お話をゆっくり読んだり、抑揚をつけて読んだりといった工夫もその１つでしょう。聞き取りが上手にできるという自信をつけさせるために最適です。一方、実際の試験のように抑揚をつけずに読んだり、スピードを速めて読んだりすることで、難しい問題に挑戦するというやる気を引き出すこともできます。いずれにせよ、お子さまの様子を見て、どのタイミングで、どのように過去問題集に取り組ませるのかを決めると良いでしょう。

【おすすめ問題集】
１話５分の読み聞かせお話集①・②、１話７分の読み聞かせお話集入試実践編①、お話の記憶 初級編・中級編・上級編、Ｊｒ・ウォッチャー19「お話の記憶」、34「季節」

問題24　分野：数量（数の分配）

〈準備〉　青色のサインペン

〈問題〉　**この問題の絵は縦に使用してください。**

（問題24－1の絵を渡す）

①１番上の段の左側の絵を見てください。リンゴが６個、バナナが２本あります。ブタくんとウサギさんで同じ数ずつ分けると、それぞれいくつになりますか。正しいものを右から選んで○をつけてください。

②真ん中の段の左側の絵を見てください。リンゴが５個あります。ブタくんとウサギさんで同じ数ずつ分けると、リンゴはいくつ余りますか。正しいものを右から選んで○をつけてください。

③１番下の段の左側の絵を見てください。７本のバナナをブタくんとウサギさんで分けます。ブタくんが持っているバナナが１本多くなるように分けると、ブタくんが持っているバナナは何本になりますか。正しいものを右から選んで○をつけてください。

（問題24－２の絵を渡す）

④１番上の段の左側の絵を見てください。11個のイチゴをクマくんとサルさんとネコさんで分けます。サルさんが持っているイチゴが２個多くなるように分けると、サルさんが持っているイチゴはいくつになりますか。正しいものを右から選んで○をつけてください。

⑤真ん中の段の左側の絵を見てください。８個のミカンをクマくんとサルさんとネコさんで分けます。ネコさんが持っているミカンが１個少なくなるように分けると、ネコさんが持っているミカンはいくつになりますか。正しいものを右から選んで○をつけてください。

⑥１番下の段の左側の絵を見てください。10個のサクランボをクマくんとサルさんとネコさんで分けます。それぞれ同じ数ずつサクランボを分けると、サクランボはいくつ余りますか。正しいものを右から選んで○をつけてください。

〈時間〉　各15秒

〈解答〉　①右上　②左上　③左下　④左下　⑤右下　⑥左上

［2018年度出題］

学習のポイント

ものを均等に分けたり、１人あたりの過不足を考慮したりしながら分けられる思考力が観点となっています。また、10以上の数量を扱う問題も出題されていますが、２～５の数を素早く処理する問題が多く、「数個のものを直観的に分けられるかどうか」が大切に鳴ってきます。本問では、果物を２匹の動物で分けるなら２個ずつ、３匹で分けるなら３個ずつというように、動物の数ごとに果物を分けていくと、答えが素早く見つけられます。過不足については、先に余る分を取り除いたり、不足分を補ったりしてから分けるのが良いでしょう。ふだんの練習の際に、おはじきや碁石などを使って、いくつかの数量に分けたりまとめたりする感覚を磨いてください。

【おすすめ問題集】

Ｊｒ・ウォッチャー14「数える」、40「数を分ける」

問題25　分野：図形（重ね図形）

〈準備〉　青色のサインペン

〈問題〉　左側の絵は透明な紙に書かれています。この絵を太い線のところで矢印の方向に畳むと、どのように見えますか。右側の絵の中から選んで○をつけてください。終わったら2枚目も同じように答えてください。

〈時間〉　各20秒

〈解答〉　①右から2番目　②左から2番目　③左端　④左から2番目
⑤左端　⑥右端　⑦右から2番目　⑧右から2番目

［2018年度出題］

学習のポイント

図形分野は毎年出題されている、頻出分野の1つです。出題パターンは毎年変化していますから、さまざまな問題に慣れておくと良いでしょう。本問のように折りたたんで重ねる問題は、反転後の形を頭に浮かべる図形把握の力が求められています。それぞれの図形の特徴をつかんだあと、反転する図形と反転しない図形の区別をし、先に反転しない図形の部分を確認し、その後で反転する図形に注目して確認をしていくとよいです。図形を重ねたり、反転させたりすることを頭の中で理解するためには、透明シートやクリアファイルを利用して確認したり、基礎的な出題を集めた問題集を何度も繰り返すとよいでしょう。慣れてきたら、類似の問題を出題する私立・国立小学校の図形問題を練習して、問題の意図を理解した上で解答できるようにしてください。

【おすすめ問題集】
　Ｊｒ・ウォッチャー８「対称」、35「重ね図形」、48「鏡図形」

問題26　分野：図形（回転図形）

〈準備〉　青色のサインペン

〈問題〉　左のお手本を矢印の方向に矢印の数だけ回すとどうなりますか。正しい絵に○をつけてください。できたら最後まで同じように答えてください。

〈時間〉　各20秒

〈解答〉　①右から2番目　②左から2番目　③右端　④左から2番目

［2018年度出題］

学習のポイント

回転図形の問題では、回転後の図形を頭に思い浮かべる力が求められています。本問のように幾何学模様を回転させる問題では、右上や左上にある特徴的な形に注目し、その形が回転後にどこへ移動するのかを考えると、答えが見つけやすくなります。しかし、本問では、選択肢すべてがお手本を回転させただけの図形ではなく、反転させたり、一部を変えたりした図形も含まれています。答えの確認はていねいに行ってください。図形を頭に思い浮かべる力は、実際に図形を手で回転させてみた経験と、問題練習の量によって身に付くものです。毎日１問でも構いませんので、練習を積み重ねてください。また、小学校受験の回転図形の問題では、右に１回まわすとは時計回りに90度倒すことをあらわします。日常の回転とは、表現が少し違うので、間違えないようにしましょう。☆や△などの図形は、回転すると向きが変わってしまいますので、注意しながら進めてください。

【おすすめ問題集】
Ｊｒ・ウォッチャー46「回転図形」

問題27　分野：巧緻性

〈準備〉　ハサミ

〈問題〉　①クマさんのお家からウサギさんのお家まで線が引いてあります。ハサミを使って、その線の真ん中を切ってください。
②ウサギさんのお家からクマさんのお家まで線が引いてあります。ハサミを使って、その線の真ん中を切ってください。

〈時間〉　適宜

〈解答〉　省略

[2018年度出題]

学習のポイント

指示に合わせてカーブに、真っすぐに、そしてジグザグに紙を切ることが求められています。細い線に沿って、はみ出さずに切ることは、お子さまにとっては難しいかもしれません。また、ハサミで直線を切る場合は、ゆっくりと進めるよりも、ある程度スピードをつけた方がきれいに切れます。ふだんの練習の際には、お子さまが紙を切る様子をよく見て、どのような時にきれいに切れて、どのような時に失敗してしまうのかを、見逃さないようにしましょう。結果を出すことばかりにとらわれず、過程を重視した、お子さまにピッタリのアドバイス、道具の使い方を指導できるようになります。

【おすすめ問題集】
実践ゆびさきトレーニング①②③、Ｊｒ・ウォッチャー23「切る・貼る・塗る」

問題28　分野：行動観察・模倣体操

〈問題〉　**この問題の絵はありません。**

この課題は、10人程度のグループで行う。
猛獣狩りゲームをしましょう。
・みんなの中から１人、隊長を決める。
・隊長の真似をしながら行進をし、歌をうたう。
・途中で隊長が動物の名前を言ったら、小さなグループを作る。
・「ライオン」は４文字なので、４人のグループを作る。
・同様に「サイ」は２人、「ゴリラ」は３人のグループを作る。
・グループに入れなかったお友だちは、木の役になる。
・隊長を交代しながら、ゲームを何回か行う。

みんなでダンスをしましょう。
・「アブラハムには７人の子」の曲にあわせ、テスターをまねて踊る。

〈時間〉　適宜

〈解答〉　省略

［2018年度出題］

学習のポイント

みんなで遊んだり、一緒にダンスをしたりします。初めて会うお友だちが多い中で、恥ずかしがらずに積極的に参加できるかどうかが観られています。ゲームに楽しく参加し、元気に踊るとよいでしょう。ゲームの勝敗や、踊りの上手下手は、さほど評価には関係ありませんが、負けた時、失敗した時に気持ちが落ち込んでしまったり、投げやりになってしまったりするのはよくありません。上手くいかない時でも、楽しくがんばることを日ごろから学べるように、さまざまなことに失敗をおそれず取り組むと良いでしょう。

【おすすめ問題集】
Ｊｒ・ウォッチャー28「運動」、29「行動観察」

問題29　分野：記憶（お話の記憶）

〈準備〉　青色のサインペン

〈問題〉　（あらかじめ問題29-1、29-2の絵を渡す）
これからするお話をよく聞いて、後の質問に答えてください。

　ある日、たろう君はお友だちのしょうた君の家に遊びに行きました。たろう君は麦わら帽子をかぶって、白いシャツを着て、半ズボンをはいていました。手には虫取り網を持っています。たろう君は今日、しょうた君の家の近くの公園で、虫とりをして遊ぶ約束をしているのです。たろう君がお家を出ると、とても良いお天気で、空にはハトが飛んでいました。少し歩くと、赤い自転車に乗ったおばあさんとすれ違いました。「おはようございます、おばあさん」たろう君があいさつをすると、「あら、おはようございます」と、おばあさんはお辞儀をしてくれました。おばあさんと別れて、しばらく歩いていると、しょうた君のお家に着きました。お家の庭では、しょうた君のお母さんが、お花に水をあげていました。背の高いヒマワリが３本、水を浴びてキラキラ光っていました。たろう君がしょうた君のお母さんに「おはようございます！しょうた君はいますか？」と聞くと、しょうた君のお母さんは「おはよう、たろう君。呼んでくるから、ちょっと待っててね」と言って、家の中に入っていきました。しばらくすると、虫取り網を持ったしょうた君が家から出てきました。「おはよう、たろう君！」「おはよう、しょうた君！」「お父さんに新しい虫取り網を買ってもらったんだ！今日は僕が勝つからね！」「僕だって負けないよ！」そこで２人は公園に行って、虫とり対決をすることにしました。たろう君としょうた君は、お昼まで虫とりをしました。たろう君はカブトムシを２匹、クワガタを３匹捕まえました。しょうた君はカブトムシを３匹、クワガタを１匹捕まえました。お昼になったので、たろう君としょうた君は、しょうた君のお家でお昼ごはんのカレーを食べました。「僕の方が捕まえた数が多いよ」と、たろう君が言うと、「でもカブトムシは僕の方が多いよ。カブトムシの方がかっこいいよ」と、しょうた君は言いました。そんな２人を見て、しょうた君のお母さんは「勝負をするのはいいけれど、お日さまが沈む前に帰ってきてね」と言いました。お昼ごはんを食べてから、たろう君としょうた君はもう１度公園に行って、虫とりをしました。たろう君はカブトムシを４匹、クワガタを３匹捕まえました。しょうた君はカブトムシとクワガタを４匹ずつ捕まえました。どちらも同じ数です。もう１匹捕まえようと、２人とも頑張りましたが、日が暮れてしまいました。「日が暮れちゃったね」「そうだね。今日は引き分けだ」たろう君としょうた君はお家に帰ることにしました。たろう君がしょうた君の家に行くと、しょうた君のお母さんがおみやげにぶどうを渡してくれました。「美味しいぶどうだから、お家の人と一緒に食べてね」「ありがとうございます！」「たろう君、次は負けないからね！」「うん！また遊ぼうね！」たろう君はしょうた君に元気いっぱい手を振りました。

①しょうた君の家のヒマワリは何本でしたか。その数だけ○を書いてください。
②このお話と同じ季節のものに○をつけてください。
③たろう君はどんな格好をしていましたか。選んで○をつけてください。
④おばあさんが乗っていた自転車と同じ色のものに○をつけてください。
⑤たろう君はクワガタを全部で何匹捕まえましたか。その数だけ○を書いてください。
⑥たろう君としょうた君がお昼に食べたものに○をつけてください。
⑦しょうた君のお母さんからおみやげにもらったものに○をつけてください。
⑧お話の中に出てきたものを選んで○をつけてください。

〈時間〉　各10秒

〈解答〉　①○：３つ　②右から２番目（七夕）　③左から２番目　④左端（トマト）
⑤○：６つ　⑥左端（カレー）　⑦右端（ぶどう）　⑧左から２番目（ハト）

［2017年度出題］

学習のポイント

当校のお話の記憶の問題は、例年かなりの長文が出題されます。設問も多く、お話に出てきた順番通りに聞かれるとは限らないので難しい問題と言えるでしょう。こうした長いお話を聞くには、お話の情景を頭の中に思い浮かべる必要があります。そのため、お話の読み聞かせに慣れ親しむのがよいでしょう。はじめは、絵本のように短く、登場人物の少ないお話から始めてください。そして、お話を読んでいる途中や、読み終わった後に、「○○は何を持っているかな？」「△△はどんな気持ちかな？」とお子さまに問いかけてみましょう。そうすることで、質問に答えようとするお子さまの頭の中に、お話のイメージが浮かびます。これを繰り返し、だんだんと長いお話に挑戦していきましょう。また、このような長文になりますと、複合問題として、たし算・ひき算や常識問題などが質問されることもあります。「○○は何個出てきたかな？」「お話の季節はいつだと思う？」など、お話に出てきた数や季節のものなどについて聞いて、お子さまの関心を引くようにすると良いでしょう。

【おすすめ問題集】
１話５分の読み聞かせお話集①・②、１話７分の読み聞かせお話集入試実践編①、お話の記憶 初級編・中級編・上級編、Ｊｒ・ウォッチャー19「お話の記憶」、34「季節」

問題30　分野：記憶（お話の記憶）

〈準備〉　青色のサインペン

〈問題〉　（あらかじめ問題30－１、30－２の絵を渡す）

これからするお話をよく聞いて、後の質問に答えてください。

今日は、たかし君がお友だちといっしょに水族館へ行く日です。朝起きると、よく晴れていたので、たかし君はうれしいなと思いました。お友だちのももこちゃんとたろう君が来る前に、たかし君は朝ごはんを食べて着替えました。今日のたかし君は、星のマークが入ったお気に入りのシャツを着て、長ズボンを履いて、帽子を被っていました。着替えが終わったところで、ももこちゃんとたろう君がやってきました。「おはよう、ももこちゃん、たろう君」「おはよう、たかし君」「見て見て、お父さんにカーディガンを買ってもらったんだ！」たろう君は紺色のカーディガンを着ていました。それを見たたかし君は、僕のシャツよりかっこいいな、と少し悔しくなりました。

水族館には、お母さんの車に乗って行きました。車に乗って水族館へ行く途中、たろう君が「ヒマだからしりとりをしよう！」と言いました。たかし君も、ももこちゃんも退屈だったので、しりとりをして遊ぶことになりました。たろう君が「しりとり」と言ったところから始まって、３人はさまざまな言葉を言いました。ももこちゃんが「ハト」と言ったので、たかし君は「とうふ」と言いました。すると、「フラミンゴ」「ゴリラ」と答えられて、すぐにたかしくんの番になってしまいました。「ラ」で始まる言葉が思いつかなかったので、たかし君は、つい「ライオン」と言ってしまいました。「たかしくん、ライオンは『ん』で終わるから、駄目だよ」とももこちゃんが言いました。「あ、そうだ。負けちゃったなあ」とたかし君が言うと、ももこちゃんもたろう君もアハハ、と笑いました。

しりとりで遊んでいるうちに、たかし君たちの乗った車は水族館に着きました。たかし君はペンギンが好きなので、すぐにペンギンを見たいなあ、と思いながら水族館に入りました。入り口には動物に触れるコーナーがあり、そこにはタコがいました。たかし君がおそるおそるタコを触ってみると、グニャグニャと変な手触りでした。「変な生き物だなあ」とたかし君は思いました。その隣でたろう君は、ヒトデを触って遊んでいました。その間、ももこちゃんは熱帯魚のコーナーで、黄色い熱帯魚を「きれいだなあ」と思いながら見ていました。水族館の奥に進んでいくと、いろいろな海の生き物がいました。サンマが泳いでいたり、カメが水槽の底を歩いていました。たかし君たちが大きな水槽の前を通ると、中のとても大きなサメがたかし君たちに向かって泳いできたので、みんなびっくりしました。でも、サメは水槽のガラスにぶつかる前に曲がって、別の方に泳いでいったので、ホッとしました。

しばらくすると、「これからイルカショーが始まります」というアナウンスが流れてきました。「イルカショーだって」「行ってみよう！」「楽しみだね！」たかし君と、ももこちゃんと、たろう君は、イルカショーの会場に行きました。外の会場には、たくさんのお客さんが集まっていました。そして、会場の真ん中のプールで、イルカショーが始まりました。まず、飼育員のお兄さんがボールを投げると、イルカが鼻に乗せてバランスを取りました。次に、お兄さんを背中に乗せて、プールの中を１周しました。最後は輪くぐりです。プールの上に大きな輪っかが３つ吊り下げられました。たかし君は「くぐれるのかなあ」とドキドキしながら見ていました。お兄さんの合図でイルカがジャンプしました。イルカはいっぺんに３つの輪っかをくぐりました。たかし君は「すごい！」と、思わず立ち上がって拍手をしました。

イルカショーが終わると、帰る時間になりました。たかし君はお母さんに、フグの風船を２つ買ってもらいました。ももこちゃんはキンギョの置物を、たろう君はペンギンのぬいぐるみを買ってもらいました。たろう君のペンギンのぬいぐるみを見たたかし君は、「あっ！」とびっくりしました。「どうしたの、たかし君？」「まだペンギンを見てないよ！」「でも、もう帰る時間だよ。またみんなで一緒に来ようね」「うん、そうだね。次は絶対ペンギンを見るからね！」そんな風に、また水族館へ行く約束をしながら、たかし君たちはお家に帰りました。

①たかし君はどんな格好をしていましたか。選んで○をつけてください。
②たかし君がしりとりで最後に言ったものに○をつけてください。
③たかし君が買ってもらった風船はいくつですか。その数だけ○を書いてください。
④お話の中に出てきた熱帯魚と同じ色の果物を選んで○をつけてください。
⑤たかし君たちが水族館で見なかったものに○をつけてください。
⑥イルカがくぐった輪っかの数だけ○を書いてください。
⑦触れるコーナーでたかし君が触った生きものに○をつけてください。
⑧たかし君たちは何に乗って水族館に行きましたか。絵の中から選んで○をつけてください。

〈時 間〉　各10秒

〈解 答〉　①右端　②左から２番目（ライオン）　③○：２つ
④左から２番目（レモン）　⑤右端（ペンギン）　⑥○：３つ
⑦左端（タコ）　⑧右から２番目（自家用車）

［2017年度出題］

学習のポイント

この問題のように、ご家族やお友だちといっしょに出かけるという話がよく出題されます。お子さまにとって、単なる思い出づくりだけでなく、身近にないものに触れる経験になったり、今まで知らなかったことを知ったりと、新しい知識に出合う機会にもなります。いっしょに出かけた際は、ぜひお子さまにどうだったか、聞いてあげてください。その時に答えようと考えることが、聞き取りに大切な「頭でイメージする力」となります。ふだんの絵本の読み聞かせの後に感想を聞くことも有効です。お話の中のもので、見てみたいものはあるか、凄いと思ったことは何かや、登場人物の気持ちではなく、お話を聞いたお子さま自身の気持ちを聞いてみてください。出てきたものや風景だけでなく、そこで感じた気持ちなども想像できるようになれば、お話の記憶もしやすくなります。

【おすすめ問題集】

１話５分の読み聞かせお話集①・②、１話７分の読み聞かせお話集入試実践編①、お話の記憶 初級編・中級編・上級編、Ｊｒ・ウォッチャー19「お話の記憶」、34「季節」

問題31　分野：図形（比較）

〈準 備〉　青色のサインペン

〈問 題〉　**この問題の絵は縦に使用してください。**
左側の絵のようなリボンを矢印の付いた線のところで切ると、どのような形になるでしょうか。正しいものを右から選んで○をつけてください。できたら、２枚目も同じようにやってください。

〈時 間〉　各30秒

〈解 答〉　①右下　②右上　③左下　④左上　⑤左下　⑥左下

［2017年度出題］

学習のポイント

単なる絵の比較ではなく、切り離した時の長さと模様を考えなくてはいけない、ユニークな問題です。まずはリボンを真っ直ぐにした時に、どのような模様がつくかを考えてみましょう。①を例に挙げると、真ん中で白と黒に分かれたリボンになります。このリボンを矢印の部分、つまり白の部分と黒の部分の中央で切るので、３つに分かれたリボンはそれぞれ「白」「白と黒」「黒」になります。この色の組み合わせの解答は、右上と右下の２つです。次に、それぞれのリボンの長さを考えます。１番長いものは「白と黒」の模様の部分です。この２つの考え方をクリアして、初めて解答に辿り着くことができます。問題を解けない場合には、それを気にするのではなく、なぜ解けないのか、解くために必要な力は何かを見つけることが大切です。お子さまが理解できていないようであれば、同じ分野の少し簡単な問題に挑戦して、自信をつけてから本問に取り組むということもひとつの手段だと言えるでしょう。

【おすすめ問題集】
Ｊｒ・ウォッチャー15「比較」、54「図形の構成」、58「比較②」

問題32　分野：図形（重ね図形）

〈準 備〉　青色のサインペン

〈問 題〉　左側の２つの絵を見てください。この２枚の絵をそのままの向きで重ねると、どのような絵ができるでしょうか。正しい絵を右の中から選んで○をつけてください。

〈時 間〉　各20秒

〈解 答〉　①左端　②右端　③右から２番目　④右端

［2017年度出題］

学習のポイント

重ね図形の問題は、まずどのように重なるかを考えます。本問ではそのままの向きで重ねるので、上下や左右が逆になることはありません。それぞれの絵をよく見て取り組みましょう。２枚の絵を重ねた時、すでに同じ模様や色が描かれている部分はそのままであることには気を付けてください。こうした図形の問題は、答え合わせの時に紙ではなく、実物を用意すると理解が早まります。例えばクリアファイルなどの透明なものに、同じ大きさの絵を描いて、問題と同じように重ねます。すると、図形の重なり方が一目でわかります。このやり方だと答え合わせも納得しやすくなります。何度も取り組んでいくうちに、お子さまの頭の中で図形の動かし方、重ね方がつかめてきます。初めのうちは上手くできなくても、焦らずじっくり練習問題に取り組んでください。

【おすすめ問題集】
Ｊｒ・ウォッチャー９「合成」、35「重ね図形」

問題33　分野：推理（図形の重なり）

〈準備〉　青色のサインペン

〈問題〉　**この問題の絵は縦に使用してください。**
左側の絵を見てください。それぞれの形に果物が割り振られています。これらをリンゴ・バナナ・モモの順番で重ねるとどのような形になりますか。右側の形の中から選んで○をつけてください。できたら、２枚目も続けてやってください。

〈時間〉　各20秒

〈解答〉　①右上　②右下　③左上　④左下　⑤左上　⑥左上

［2017年度出題］

学習のポイント

ものや形を重ねた時、どのように見えるのか判断するところから始めます。この問題では順番が示されていますので、重なるものに「上・中・下」の位置関係があることを伝えています。リンゴで示された図形は必ず１番下に、モモで示された図形は１番上になることを理解させましょう。折り紙などの具体物で確かめてからペーパーテストに移行すると理解が深まりやすいでしょう。また、この問題で注意することは、重ねる順番を示す左側の果物が順不同だということです。重ねる順番を勘違いして答えを間違えてしまうのは、非常にもったいないので気をつけましょう。⑥は図形が回転していますが、重なるものが変わるわけではありません。図形の一部が隠れていたり、重ねる形の向きが変わっていても、形の特徴をしっかりつかんでおけば迷うことはないので、さまざまな問題に取り組んでください。

【おすすめ問題集】
Ｊｒ・ウォッチャー35「重ね図形」

問題34　分野：工作・巧緻性、行動観察

〈準　備〉　新聞紙（あらかじめ見開きの半分の大きさに切っておく）、ラッションペン（黒）、丸シール（直径３cm程度）、クリップ、ひも（40cm程度）、割りばし、セロハンテープ、丸磁石、ビニールプール

〈問　題〉　**この問題は絵を参考にしてください。**

（この問題は６、７人程度のグループで行う。あらかじめ、床にビニールプールを膨らませて置いておく）

これからみんなで魚釣りゲームをします。

①（新聞紙、ラッションペン、丸シール、クリップを渡す）はじめに魚を作りましょう。渡した新聞紙を内側に折り込みます。次に、新聞紙の端をねじって、魚の形にします。その後、丸シールにラッションペンで黒目を描いて魚の目になるように魚の頭に貼ってください。最後に、口にクリップを付けてください。できた魚はビニールプールの中に入れてください。

②（ひも、割りばし、セロハンテープ、丸磁石を渡す）次に釣り竿を作りましょう。まず、割りばしの隙間にひもを挟んでください。次に、割りばしとひもをセロハンテープで留めてください。最後に、割りばしに挟んでいない方のひもの先端に、磁石をセロハンテープで貼り付けてください。これで釣り竿の完成です。

③できた魚と釣り竿を使って、魚釣りゲームをしましょう。釣り竿の先を魚の口につけると、魚が釣れます。魚を釣ったらビニールプールの中に戻しましょう。ほかにも釣りたい魚があったら、材料をあげますので、新しい魚を作ってもいいですよ。ただし、魚を入れる時はお友だちと相談してください。

〈時　間〉　適宜

〈解　答〉　省略

［2017年度出題］

学習のポイント

遊びに使うための魚と釣り竿を作る工作・巧緻性の問題部分と、作った道具で遊ぶ行動観察の２分野にまたがる問題です。工作にはお手本がありますが、出題者の指示は聞き逃さないようにしましょう。指示を聞く態度や課題に取り組む姿勢も、学校側は観ているからです。工作の問題は、実際の釣り竿や釣りの様子を知っていると、ものを作る際にイメージしやすく、楽しく作れます。釣りを体験しなくても、絵本やテレビなどで釣りの様子を見たことがあるだけでも違います。また、作業後の片付けも観られています。使い終わった道具は自分で片付けるという習慣を、保護者がどのように教えているのかがわかります。作り終わると、グループで実際に遊びます。気を付けたいところは、新しい魚を入れる時です。お友だちと相談しなくてはいけません。この時、自分が入れたい魚を主張しすぎても、自己主張せずに大人しくしていてもあまり良くありません。自分の意見を言いつつも、お友だちの意見に耳を傾けるのが理想的です。これはお子さまが経験を積んで、自分で感覚をつかむしかありません。机上の学習だけでなく、お友だちと遊んだり、公園やレジャー施設などで他人との交流を深めるのがよいでしょう。

【おすすめ問題集】

実践 ゆびさきトレーニング①②③

Ｊｒ・ウォッチャー23「切る・貼る・塗る」、29「行動観察」

問題35　分野：運動

〈準 備〉　ビニールテープ、三角コーン、ドッジボール

〈問 題〉　**この問題は絵を参考にしてください。**
（この問題は10人程度のグループで行う）
①これから反復横跳びをしてもらいます。まず、３本ある線の真ん中に立ってください。私（出題者）が「はじめ」と言ったら、左右の線をそれぞれ交互にまたいでください。線を踏んではいけません。できるだけ早く動いてください。私が「やめ」というまで続けてください。
②（ドッジボールを渡す）スタートラインから始めて、ボールをドリブルしながら、４つあるコーンの外側を回って、なるべく早くスタートに戻ってきてください。ドリブルは片手でもいいですし、両手を使ってもいいですよ。

〈時 間〉　適宜

〈解 答〉　省略

［2017年度出題］

学習のポイント

ボールのドリブルは2020年度の入試でも行われました。ボールの扱いに慣れておきましょう。不安であれば、日ごろの遊びにボール遊びを積極的に取り入れてください。また、この問題は１人ずつ行うため、ほかのお友だちが課題に取り組んでいる間は、座って待つことになります。自分の順番の前後で待つ態度も試験で観られているポイントです。日ごろのしつけや教育では待つ態度を心がけてみましょう。小学校受験では、運動能力そのものより課題に取り組む姿勢や、待つ態度などが重視されます。課題がしっかりできることよりも、指示を聞いていること、そしてリラックスして取り組むことが大事です。お子さまが楽しんで試験に取り組めるよう、まずはご家庭の学習環境から変えていきましょう。

【おすすめ問題集】
新運動テスト問題集、Ｊｒ・ウォッチャー28「運動」

問題36　分野：記憶（お話の記憶）

〈準備〉　青色のサインペン

〈問題〉　**この問題の絵は縦に使用してください。**

これからするお話をよく聞いて、後の質問に答えてください。

さわちゃんは、幼稚園バスに乗って幼稚園へ通っています。朝、起きてみると雨が降っていたので、さわちゃんは「うれしいな」と思いました。おととい買ってもらったシマシマの長靴を、幼稚園に履いて行けるからです。すぐに行きたいと思いましたが、朝ごはんを食べないといけません。さわちゃんがテーブルに着くと、パンが６枚焼いてあり、そのうち２枚がさわちゃんの分でした。さわちゃんはそれを残さず食べ、サラダもちゃんと食べました。さあ、出発です。長靴を履いて、カサを手に取ると、お母さんが「コートを着て暖かくしていきなさい」と言ったので、さわちゃんはお気に入りの赤いコートを着ました。外に出てみると、冷たい風がピュービュー吹いていました。
バス停までは、いつもお父さんと手をつないで歩いて行きます。途中の公園では真っ赤なツバキの花が咲いていました。ブランコの下には水たまりができていて、スズメが５羽、水あそびをしていました。屋根の下のベンチの上にラケットが２つ、置いてありました。いつもここでバドミントンをしている、たけお君とお父さんが置き忘れたのかもしれません。たけお君も同じバスで幼稚園へ行くので、さわちゃんは「たけお君に会ったら教えてあげよう」と思いました。バス乗り場まで来ると、ちょうど向こうからたけお君とお母さんがやって来ました。たけお君は、なんだかしょんぼりしているようです。さわちゃんは明るい声で「おはよう、たけお君！　公園に忘れ物、したでしょう！」と言いました。たけお君は「公園にあったのかあ。ぼく、走って取ってくるよ」と言って、駆け出しました。たけお君が真っ白な息を吐きながら帰って来た時、リンゴの絵の描かれたバスがやって来ました。さわちゃんたちが乗って行くのは、このバスです。さわちゃんとたけお君は、幼稚園の先生と運転手さんに「おはようございます」とあいさつをして、それからお父さんとお母さんに手を振って、バスに乗りました。

（問題36の絵を渡す）
①さわちゃんが買ってもらった長靴はどれですか。○をつけてください。
②さわちゃんは、朝ごはんにパンを何枚食べましたか。その数だけ、☆の印を塗ってください。
③さわちゃんのコートと同じ色のものに、○をつけてください。
④公園の水たまりで遊んでいたのはどの鳥ですか。○をつけてください。
⑤水たまりがあるところにあったものは何ですか。○をつけてください。
⑥ベンチの上に置き忘れられていたものは何ですか。○をつけてください。
⑦さわちゃんが乗ったバスはどれですか。○をつけてください。
⑧このお話の季節に使うものはどれですか。○をつけてください。

〈時間〉　２分

〈解答〉　①左から２番目　②☆：２つ　③左端（トマト）　④左から２番目（スズメ）
⑤右から２番目（ブランコ）　⑥右から２番目（ラケット）
⑦左から２番目　⑧右から２番目（マフラー）

［2016年度出題］

学習のポイント

お話の内容としては、特に難しいものではありません。１つひとつを記憶していくというよりも、朝の風景を思い描きながら記憶することがポイントと言えるでしょう。お話の記憶の対策には、読み聞かせが有効とよく言われますが、読み聞かせだけではなく、体験に伴った記憶もあることを保護者の方は知っておいてください。しかし、読み聞かせが最も重要であることに変わりはありません。近年の入学試験で、多くの学校が聞く姿勢を重要視していることからも、学校側が「聞く力」をすべての学習のベースと考えていることがわかります。そのような視点からも、読み聞かせを毎日行うように心がけてください。この問題では、設問②がきちんとできているかがチェックポイントです。☆印の頂点の先までていねいにはみ出さずに塗れているかも重要です。ここでは、聞き取りができているかどうかもそうですが、１つひとつをていねいに仕上げることができるどうかも観られていると思ってください。

【おすすめ問題集】

１話５分の読み聞かせお話集①・②、１話７分の読み聞かせお話集入試実践編①、
お話の記憶 初級編・中級編・上級編、Ｊｒ・ウォッチャー19「お話の記憶」、34「季節」

問題37　分野：記憶（お話の記憶）

〈準備〉　青色のサインペン

〈問題〉　**この問題の絵は縦に使用してください。**

これからするお話をよく聞いて、後の質問に答えてください。

よく晴れた日曜日。町の神社で、お祭りがある日です。タケル君は、幼稚園の夏休みが始まる前に、仲良しのサキちゃんとミキオ君と、いっしょにお祭りに行く約束をしていました。待ち合わせの場所は、神社の入り口です。２人は約束を覚えているでしょうか。ドキドキしながら神社へ向かって行くと、やがてお囃子の音が聞こえてきました。はっぴを着ている人もいて、なんだかとても楽しそうです。待ち合わせの場所に、サキちゃんもミキオ君も、ちゃんと来ていました。さっそく、何をして遊ぶか、相談です。タケル君は「金魚すくいをしたい」と思っていました。サキちゃんは「ヨーヨー釣りがしたい」と言いました。ミキオ君がしたいと言ったのは、輪投げです。３人は、はじめに何をして遊ぶか、ジャンケンで決めることにしました。タケル君はチョキ、サキちゃんはグー、ミキオ君はチョキを出したので、はじめにヨーヨー釣りをすることになりました。１番多く釣ったのはミキオ君で３個、２番がサキちゃんで２個、タケル君は１個しか釣れませんでした。でも、その１個が、ダイヤの柄の１番すてきなヨーヨーだったので、タケル君はちっとも悔しくありませんでした。次は輪投げで遊ぶ番です。１番多く入れたのはタケル君で、賞品の水鉄砲をもらいました。サキちゃんとミキオ君は、とても悔しがりました。それから、金魚すくいの屋台に行きました。タケル君は赤と白の金魚が欲しかったのですが、黒い金魚しかいなかったので、「別の遊びにしよう」と言いました。ミキオ君が「たい焼きを食べたいな」と言いました。タケル君は、暑いのでカキ氷が食べたいと思っていたのですが、たい焼きと聞くと、急にたい焼きが食べたくなりました。サキちゃんが「わたしも食べたい」と言ったので、３人でたい焼き屋さんへ行って１つずつ、買いました。その時「おみこしが通る

ぞ！」という大きな声がしたかと思うと、続いて元気な掛け声が聞こえてきました。３人は、たい焼きは後で食べることにして、走っておみこしを見に行きました。

（問題37の絵を渡す）
①３人が待ち合わせた場所はどこですか。○をつけてください。
②じゃんけんで、サキちゃんは何を出しましたか。○をつけてください。
③タケル君が釣ったヨーヨーはどれですか。○をつけてください。
④ミキオ君は、いくつヨーヨーを釣りましたか。その数だけ、☆の印を塗ってください。
⑤タケル君が輪投げでもらった賞品はどれですか。○をつけてください。
⑥おみこしを担ぐ時の掛け声は、次のうちどれだと思いますか。「はっけよい、のこった！」だと思ったら○、「エイエイオー！」だと思ったら△、「わっしょいわっしょい！」だと思ったら×、「レッツゴー！」だと思ったら□を書いてください。
⑦このお話の季節に咲く花はどれですか。○をつけてください。
⑧このお話と同じ季節に行われる行事はどれですか。○をつけてください。

〈時間〉　２分

〈解答〉　①右から２番目（鳥居・神社の入り口）　②右（グー）　③右端（ダイヤ柄）
④☆：３つ　⑤右から２番目（水鉄砲）　⑥×　⑦左端（ヒマワリ）
⑧右から２番目（七夕）

［2016年度出題］

学習のポイント

問題36と比べると、お話に覚える要素がたくさんあり、複雑な問題となっています。しかし、内容は生活に密着したものとなっていますから、年齢相応に生活体験のあるお子さまには覚えにくいものではありません。このような生活の常識を問う問題で差が付く要因の１つに、生活体験の多少があります。近年、地域のお祭りに参加しないどころか、外遊びの体験さえ少ないお子さまも増えているようです。そのようなお子さまなら、この問題に登場する遊びがイメージできないのは当然ですし、話の内容自体にもピンとこないものになるでしょう。お子さまの間違いが、そういった生活体験の少なさが原因だと感じられたら、保護者の方はたくさんさまざまな場所へ連れて行ってあげてください。

【おすすめ問題集】
　１話５分の読み聞かせお話集①・②、お話の記憶 初級編・中級編・上級編、
　Ｊｒ・ウォッチャー19「お話の記憶」、34「季節」

問題38　分野：図形（同図形発見・回転）

〈準 備〉　青色のサインペン

〈問 題〉　それぞれの段の左端の絵と同じものを、右の中から選んで○をつけてください。右の絵は、回転していることもあります。１枚目が終わったら、２枚目も同じように続けましょう。

〈時 間〉　８分

〈解 答〉　①左から２番目　②右から２番目　③左端　④右から２番目
　⑤右から２番目　⑥左から２番目　⑦左端　⑧右端

［2016年度出題］

学習のポイント

当校で例年出題されている、図形の問題です。複雑な問題であることに加え、問題数が多いです。この分野の問題をしっかり練習し、理解するだけでなく、それだけの分量の問題を見ても圧倒されてしまわないこと、似たような問題ばかりを続けても集中力を切らさないことが求められます。それらの力を身に付けるためには、やはり練習が必要です。簡単な問題から始め、お子さまの理解度を確認しながら、徐々に難易度を上げていってください。図形の問題の学習法として有効なのは、お子さまが自分の目で確かめられるようにすることです。本問であれば、各段左の図形を切り取って、回転させながら選択肢と照らし合わせていけば、お子さまにも一目瞭然です。そのような経験を重ねるうちに、お子さま自身が頭の中で図形を操作できるようになっていきます。

【おすすめ問題集】
　Ｊｒ・ウォッチャー４「同図形探し」、46「回転図形」

問題39　分野：図形（分割・回転）

〈準備〉　青色のサインペン

〈問題〉　それぞれの段の左端の絵を作るのに使う絵を、右から２つ選んで○をつけてください。右の絵は、回転していることもあります。１枚目が終わったら、２枚目も同じように続けましょう。

〈時間〉　８分

〈解答〉　①左端と右から２番目　②左端と右端　③左から２番目と右から２番目
④左端と右から２番目　⑤左から２番目と右端　⑥左端と右端
⑦左から２番目と右から２番目　⑧左端と左から２番目

［2016年度出題］

学習のポイント

何らかの試験対策をとっていなければ対処が困難なほど、複雑な問題です。本問のように、見本と選択肢を見比べて正解を探すような問題では、並んでいる図形をただ眺めるのではなく、よく観察することが何よりも重要です。図形の全体だけでなく、特徴的な部分に注目して選択肢の同じ部分を見てみるなど、自分がいま何を見ているかをはっきり意識しながら見るようにするとよいでしょう。そのような観点を養うためには、例えば本問であれば、見本の図形を模写してみることなども有効です。「この線はどこから始まってどこで終わるか」「このマークはこの線の上にあるか下にあるか」といったことを意識するきっかけとなりますので、試してみるとよいでしょう。

【おすすめ問題集】
Ｊｒ・ウォッチャー３「パズル」、４「同図形探し」、９「合成」、45「図形分割」、46「回転図形」、54「図形の構成」

問題40　分野：制作

〈準備〉　ストロー（太いもの５cm、細いもの６～７cm）、セロハンテープ、折り紙、はさみ

〈問題〉　**この問題は絵を参考にしてください。**
（この問題は次の問題41と続けて行う）
①吹き矢を作りましょう。細いストローの先に、セロハンテープを巻きつけてください。
②折り紙を切って、吹き矢のとがった部分を作ってください。
③いま作った矢の先を、細いストローの空いている方の先に、セロハンテープでとめてください。
④細いストローを太いストローに入れて、完成です。

〈時間〉　適宜

〈解答〉　省略

［2016年度出題］

学習のポイント

「吹き矢」を作ることが最初に示されています。その時点で、吹き矢とはどのようなものか、お子さまがイメージできていることが大切です。最初にイメージできるか否かで、そのあとの説明の理解度が違ってきます。工作の場合、得意不得意もありますが、作業の体験量が出来を左右します。ほかの分野と違って、工作の分野は急には上達しません。毎日少しずつ行うことでコツをつかみ上達していきます。そのような点から、仕上がりが良くなかった場合でも、評価するのではなく、どうしたらもっと上手にできるのかを、一緒に考えるようにしましょう。そして、作った作品は、お子さまの目に付くところに飾っておくことをおすすめします。上達が目に見えてわかるだけでなく、飾られるからていねいに作ろうという意識をもたせることができます。このような細かな気遣いも、試験対策として有効です。

【おすすめ問題集】
実践 ゆびさきトレーニング①②③、Ｊｒ・ウォッチャー23「切る・貼る・塗る」

問題41　分野：制作・行動観察

〈準 備〉 折り紙、画用紙、丸く切った画用紙、ペットボトルのフタ、プラスチックのコップ、クーピーペン、セロハンテープ、はさみ、段ボール箱（大小各１・あらかじめ小を上にして重ね、台を作っておく）

〈問 題〉 **この問題の絵はありません。**
（この問題は前の問題40と続けて行う。５人程度のグループで行う）
先ほど(問題40で)作った吹き矢を当てる的を作って、台にのせましょう。ここにあるものを使い、みんなで協力して、できるだけ立派なものを作ってください。的ができたら、みんなで遊んでいいですよ。

〈時 間〉 適宜

〈解 答〉 省略

［2016年度出題］

学習のポイント

ただ作るだけでなく、複数のお友だちと協力しなければなりません。つい、作ることだけに集中しがちですが、この問題では、完成後にみんなで遊ぶことまで求められています。つまり、制作中の人間関係がその後の遊びにまで影響するということです。実際の入学試験では、はじめて会ったお友だちと共同作業を行うことになります。その場合、初対面のお友だちとのコミュニケーションも重要になってくることはよくあります。近年、少子化に伴い、１人っ子が多くなっています。そのような環境の場合、人と分ける、人に譲る、我慢するなどの体験がどうしても不足しがちになります。周囲の大人が積極的にお子さまと関わりを持つようにして、体験不足を補ってください。

【おすすめ問題集】
実践 ゆびさきトレーニング①②③
Ｊｒ・ウォッチャー23「切る・貼る・塗る」、29「行動観察」

問題42　分野：運動

〈準 備〉　丸椅子３脚、カスタネット３個（赤・青・黄、各色１）

〈問 題〉　**この問題は絵を参考にしてください。**
（この問題は10人程度のグループで行う。あらかじめ、準備した道具を問題35の絵を参考にして配置しておく）
赤・青・黄色のカスタネットを、私（出題者）が言う通りの順番で１回ずつ鳴らして、戻ってきてください。カスタネットまでは、まっすぐ走っていきましょう。（「赤・青・黄色・赤・黄色」など。これを２セット行う）

〈時 間〉　適宜

〈解 答〉　省略

［2016年度出題］

学習のポイント

記憶と運動の複合問題と捉えることもできます。動作ばかりに意識が行ってしまうと、記憶することが疎かになってしまいます。反対に、記憶することにばかり意識が集中すると、動作が緩慢になってしまうことがあります。記憶と運動のバランスが重要な課題です。ありがちなミスは、スピードを重視するあまり、動作が雑になってしまうことです。１つひとつの動作を確実にこなすように、生活の中から意識して取り組ませるようにしましょう。動作が鈍いお子さまの場合、まずは、確実に行うことから始めてください。慣れてくるに従ってスピードが上がってくるでしょう。タイプによって対策は違ってきますので、お子さまに合った指導方法を取り入れるようにしましょう。取り組む際、「〇〇でしょう」「〇〇しなさい」などの指示語を多用すると、お子さまが伸びなくなる原因となってしまうので避けてください。指導の際は、自覚させること、提案すること、自分で考えさせることなどが大切です。

【おすすめ問題集】
新運動テスト問題集、Ｊｒ・ウォッチャー28「運動」

問題8

①

②

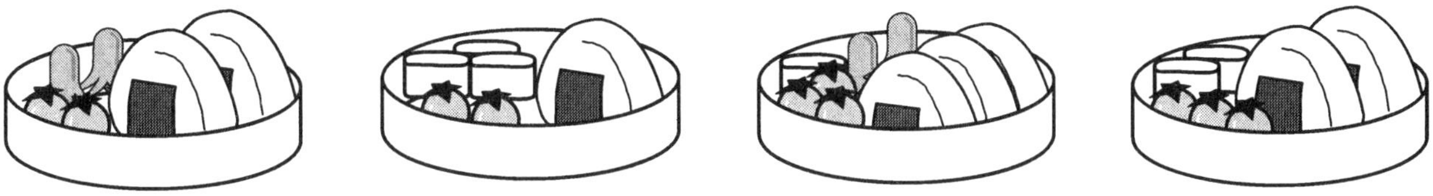

③

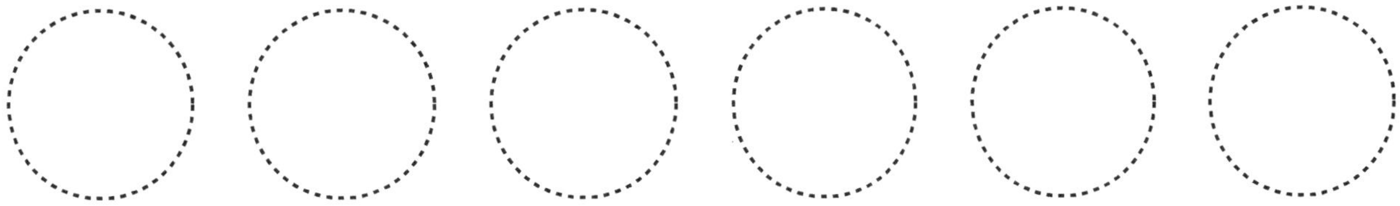

④

⑤

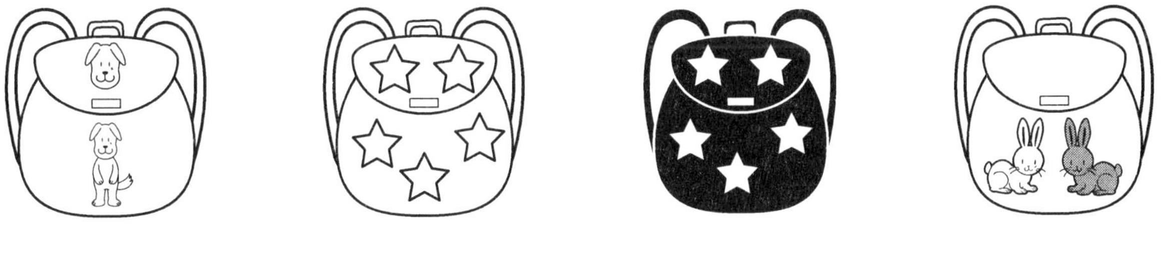

⑥

日本学習図書株式会社

問題9

①

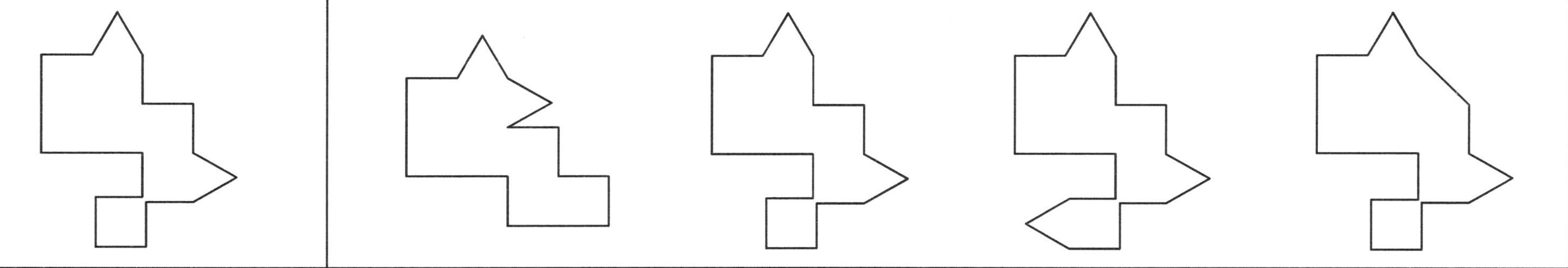

②

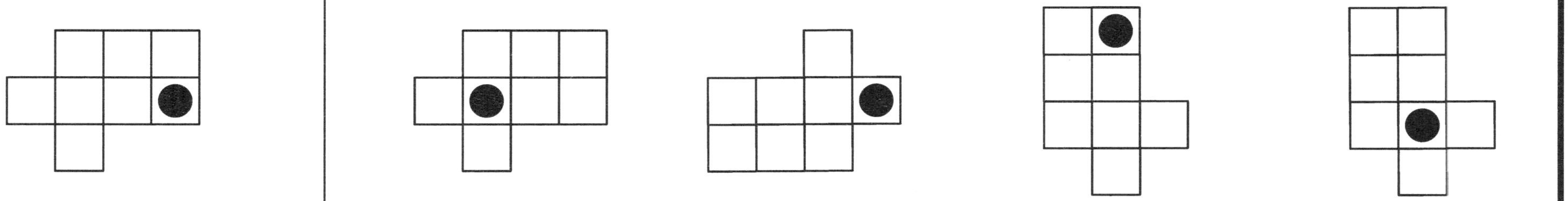

③

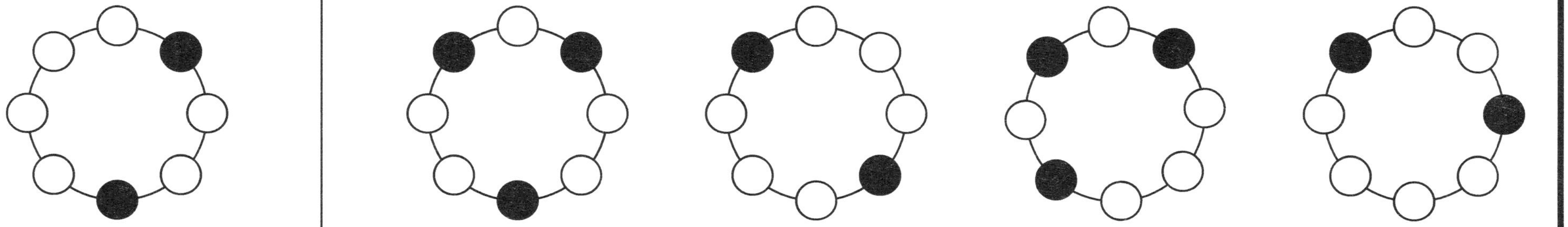

④

日本学習図書株式会社

問題１０

①

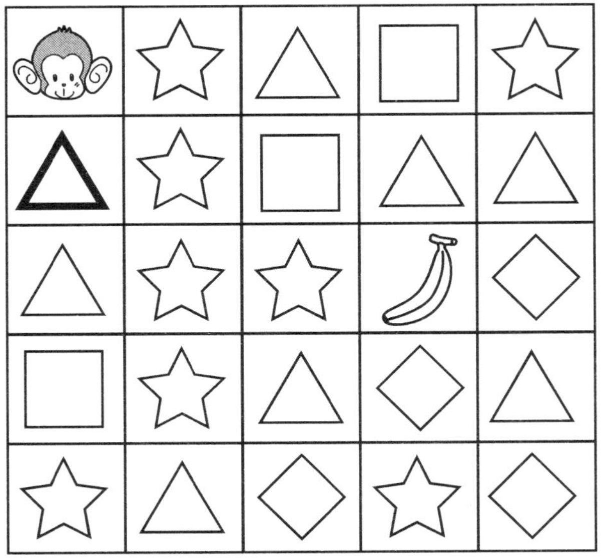

②

③

④

⑤

⑥

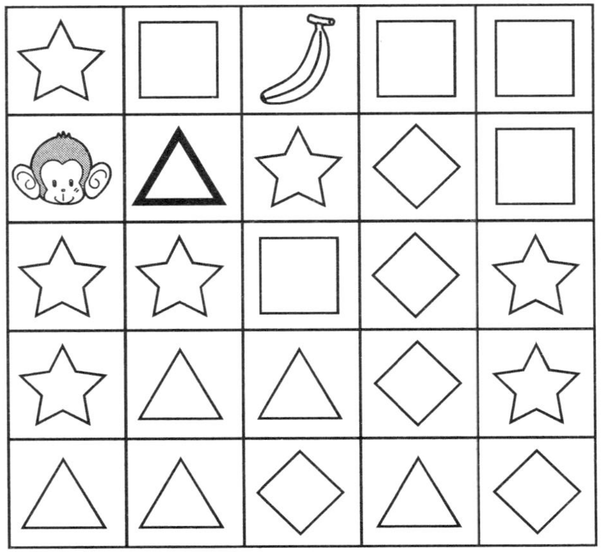

問題１１

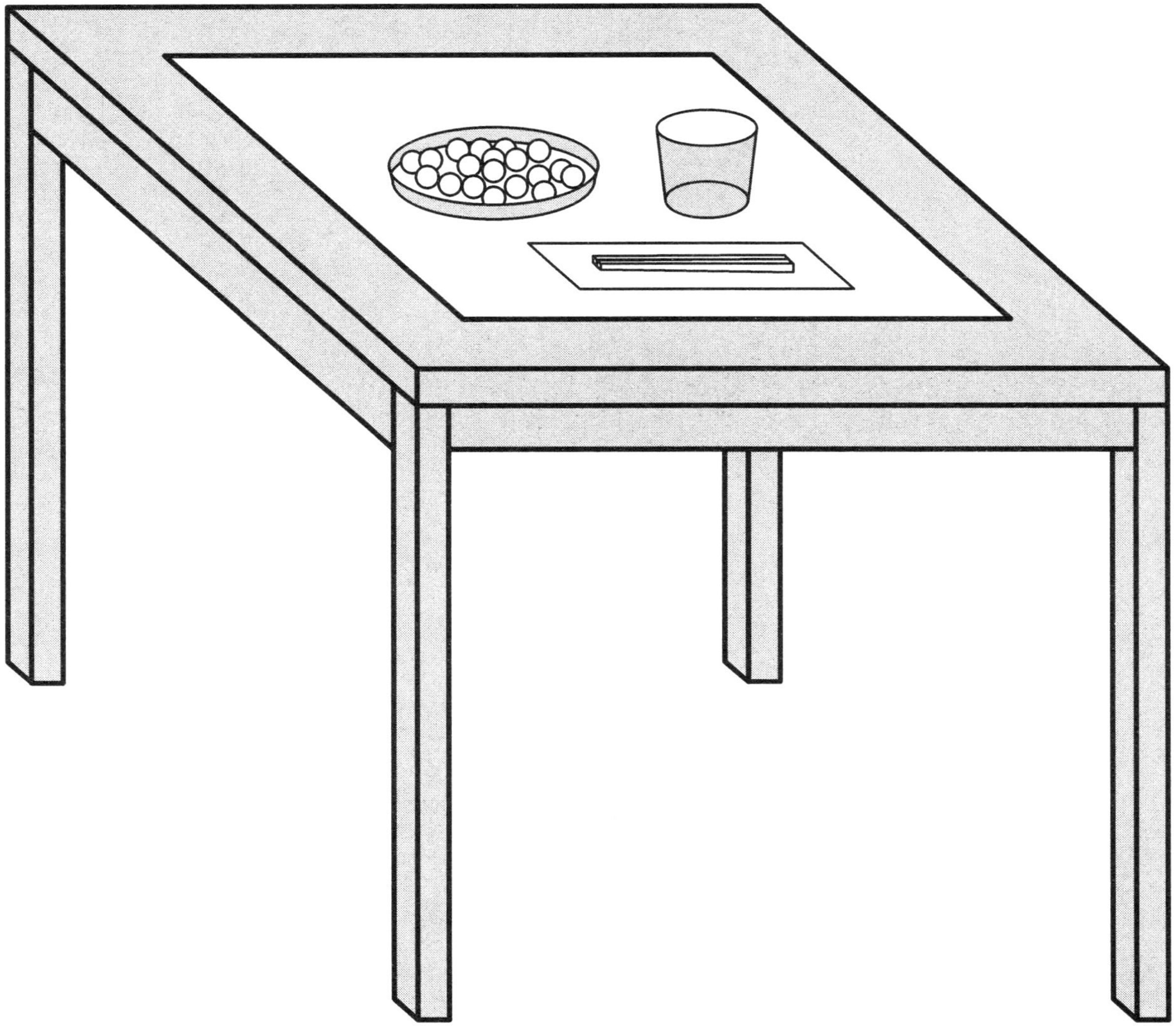

問題16

①

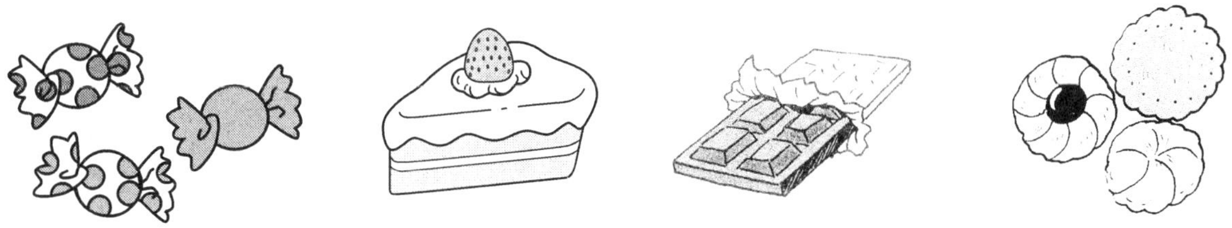

②

③

④

⑤

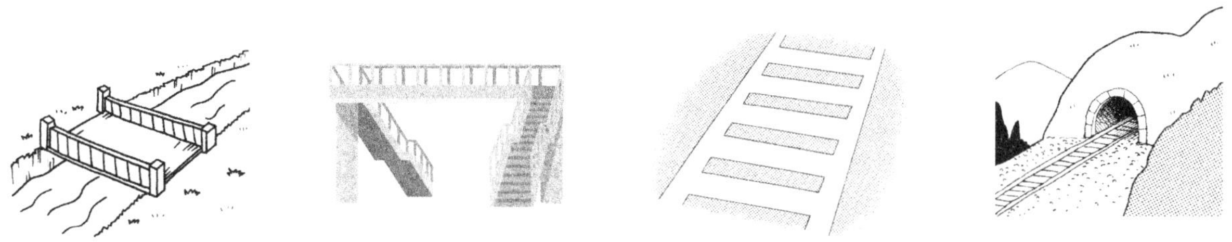

⑥

問題17

① ○○○

② ○○○

③ ○○○

2022年度 成蹊小学校 過去 無断複製／転載を禁ずる 日本学習図書株式会社

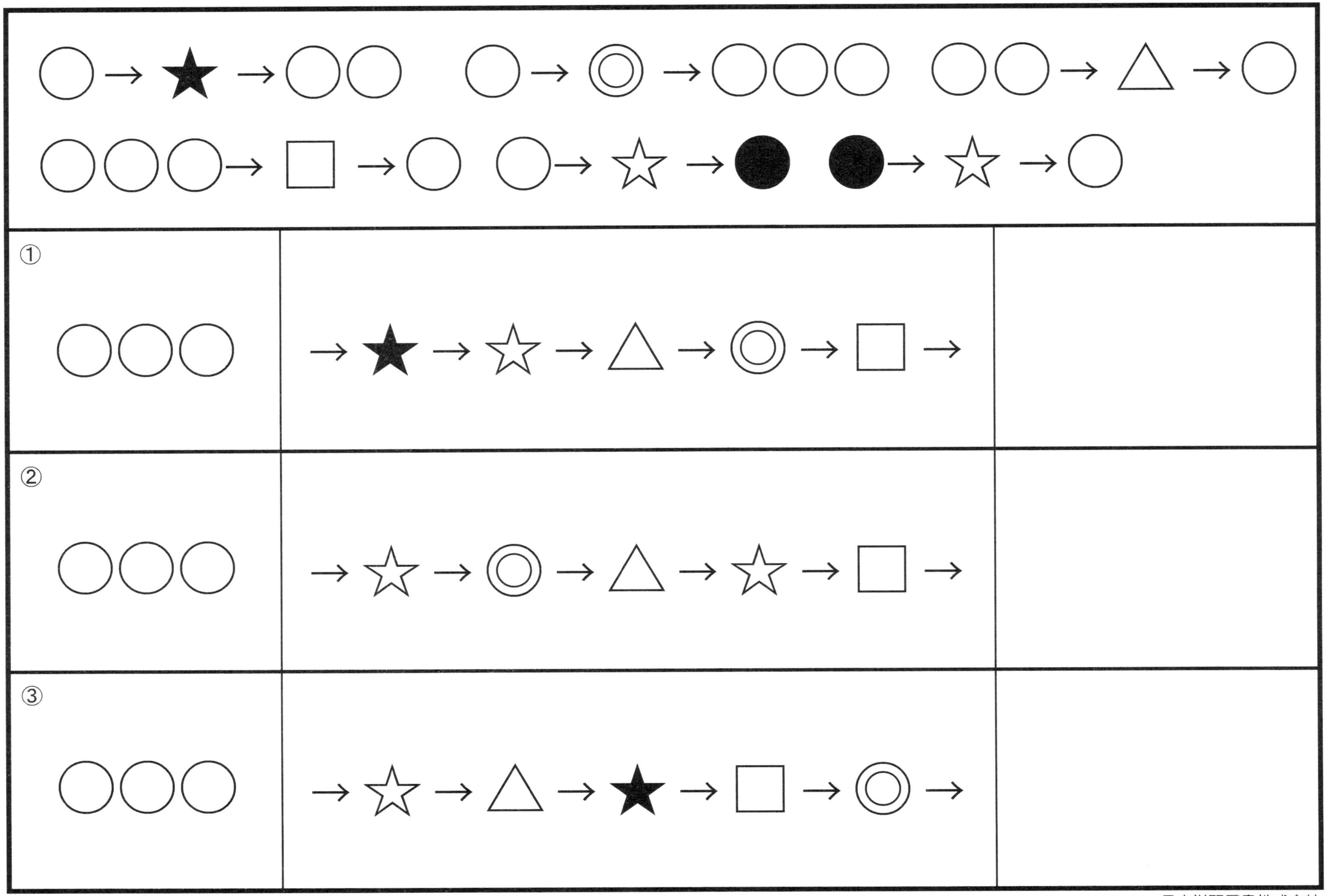

2022年度 成蹊小学校 過去 無断複製／転載を禁ずる

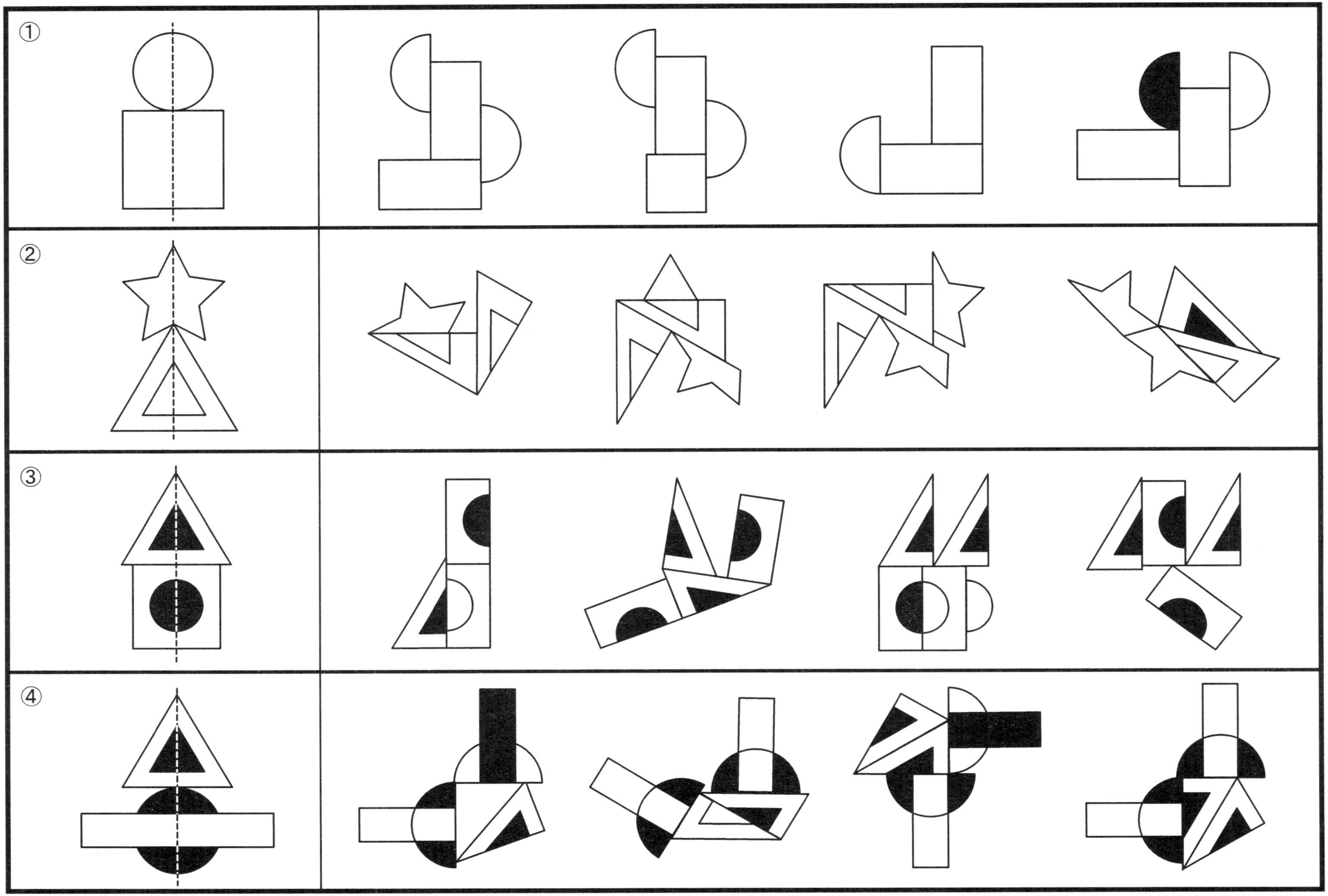

2022 年度 成蹊小学校 過去　無断複製／転載を禁ずる　　日本学習図書株式会社

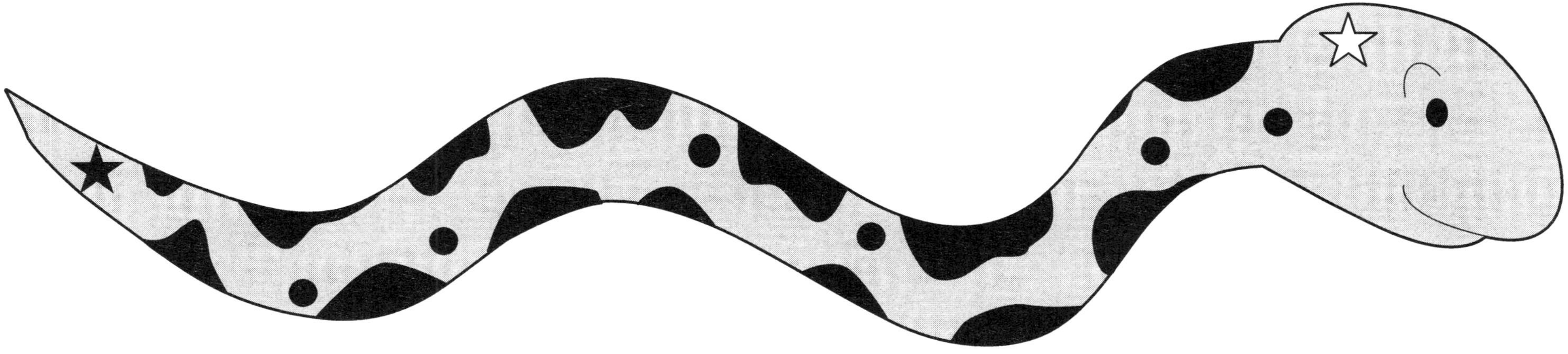

問題２１

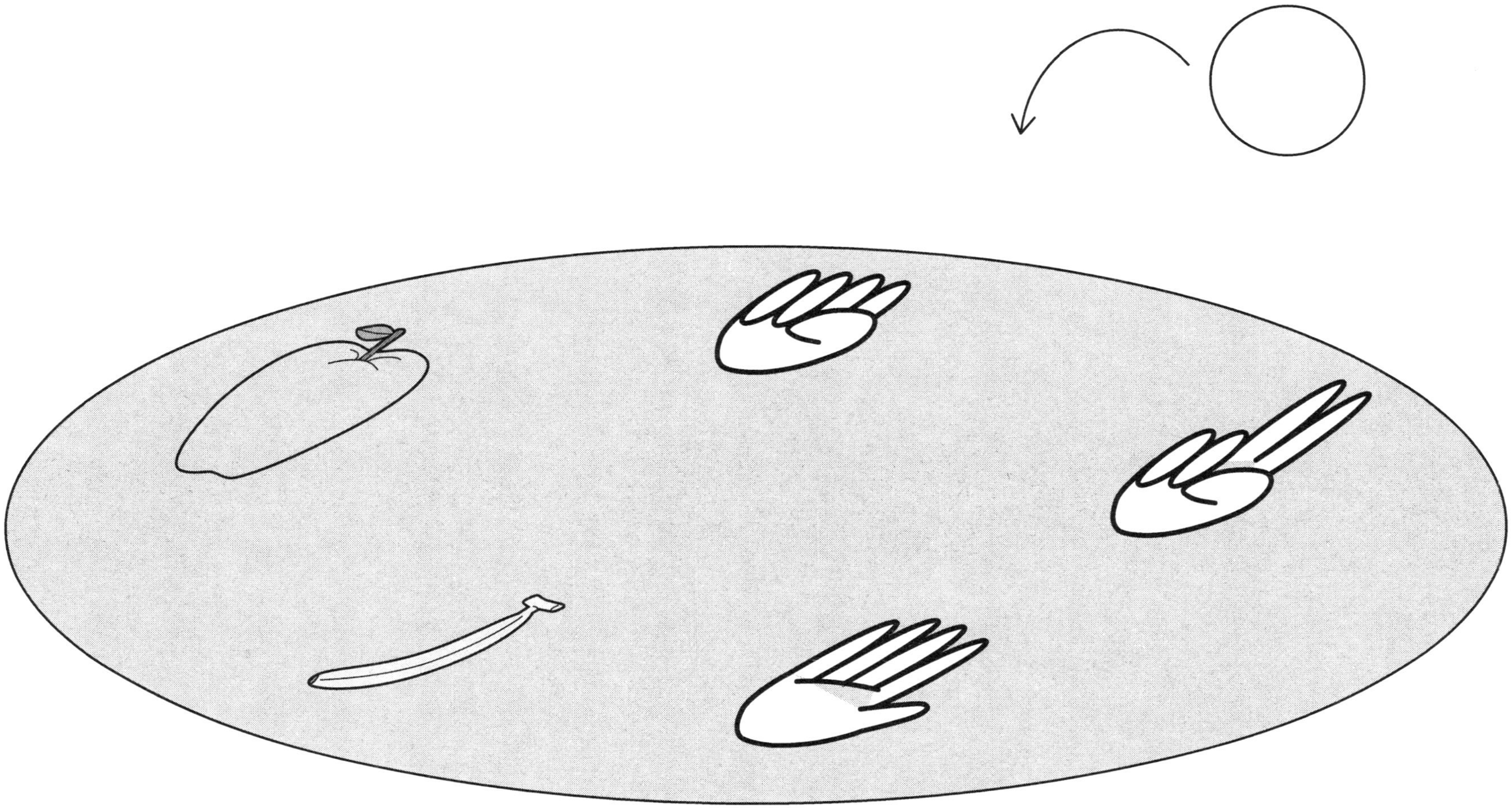

※直径２m程度、布製。５人で布の端を持ち、
布の上に載せたボールをボールに触れないように
マークのある場所まで移動させる。

問題２２

①全速力で走る。

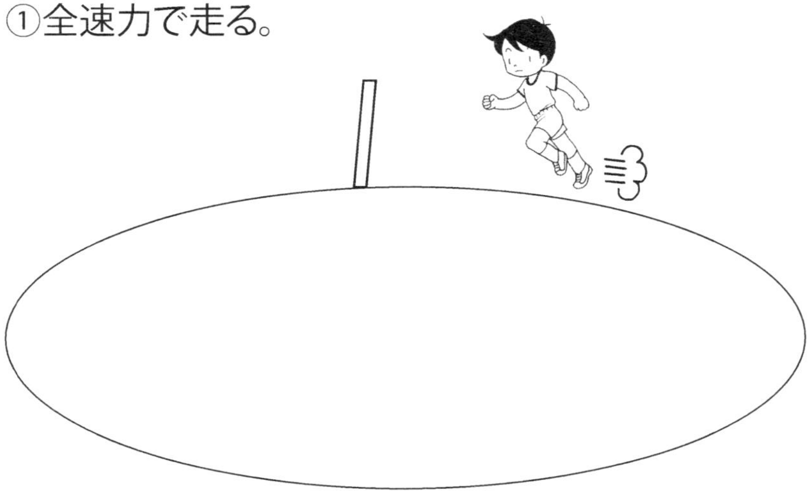

②左手と右手で、ドリブルを交互にする。

③３本のゴムを飛び越えて走る。

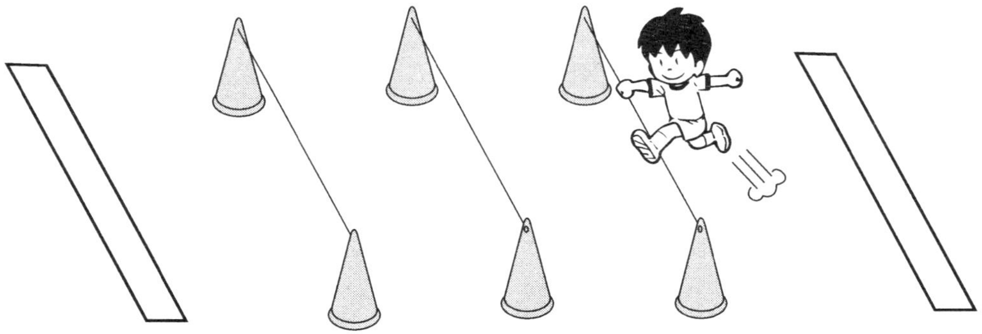

④鉄棒にぶらさがる。

問題２３

①

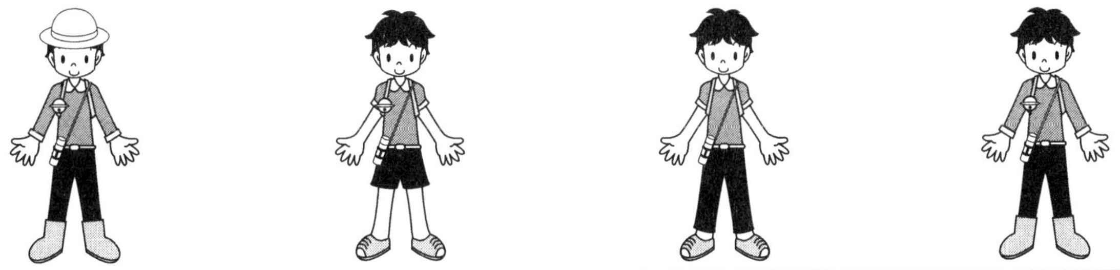

②

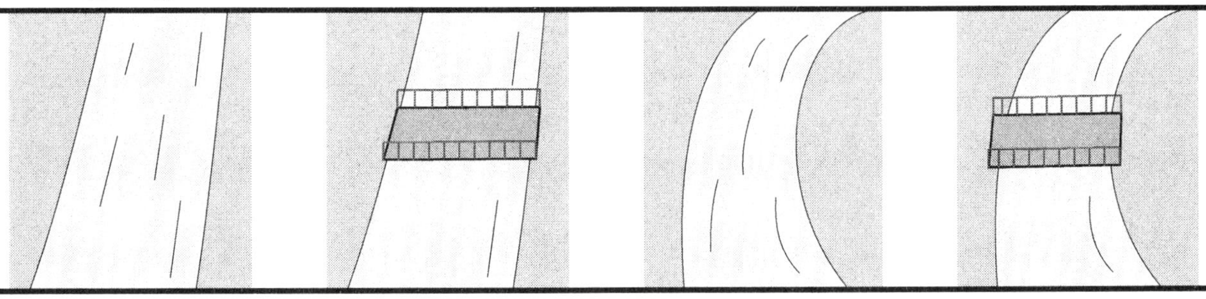

③

④

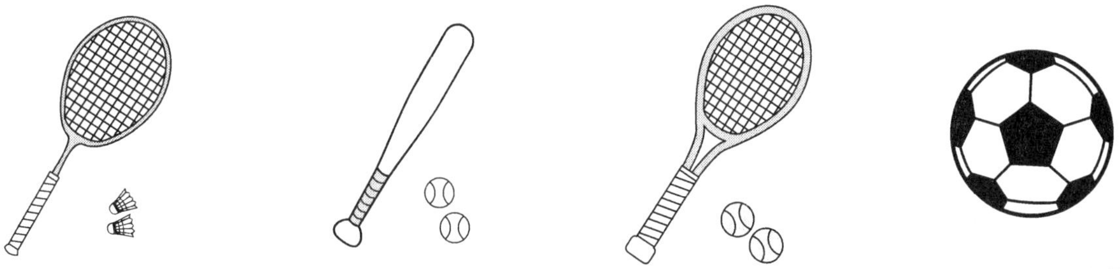

⑤

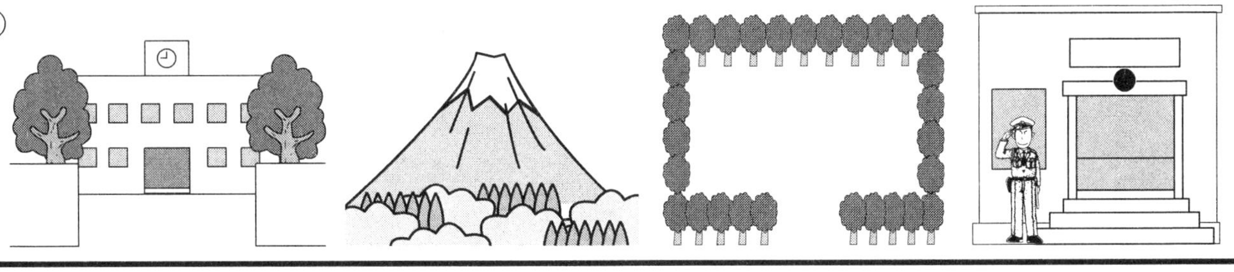

⑥

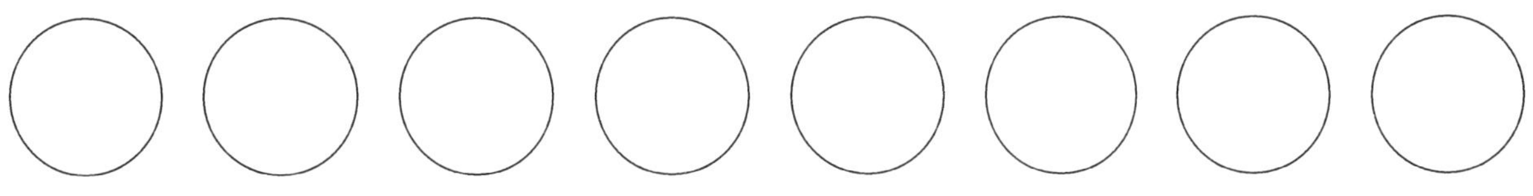

⑦

問題２４－１

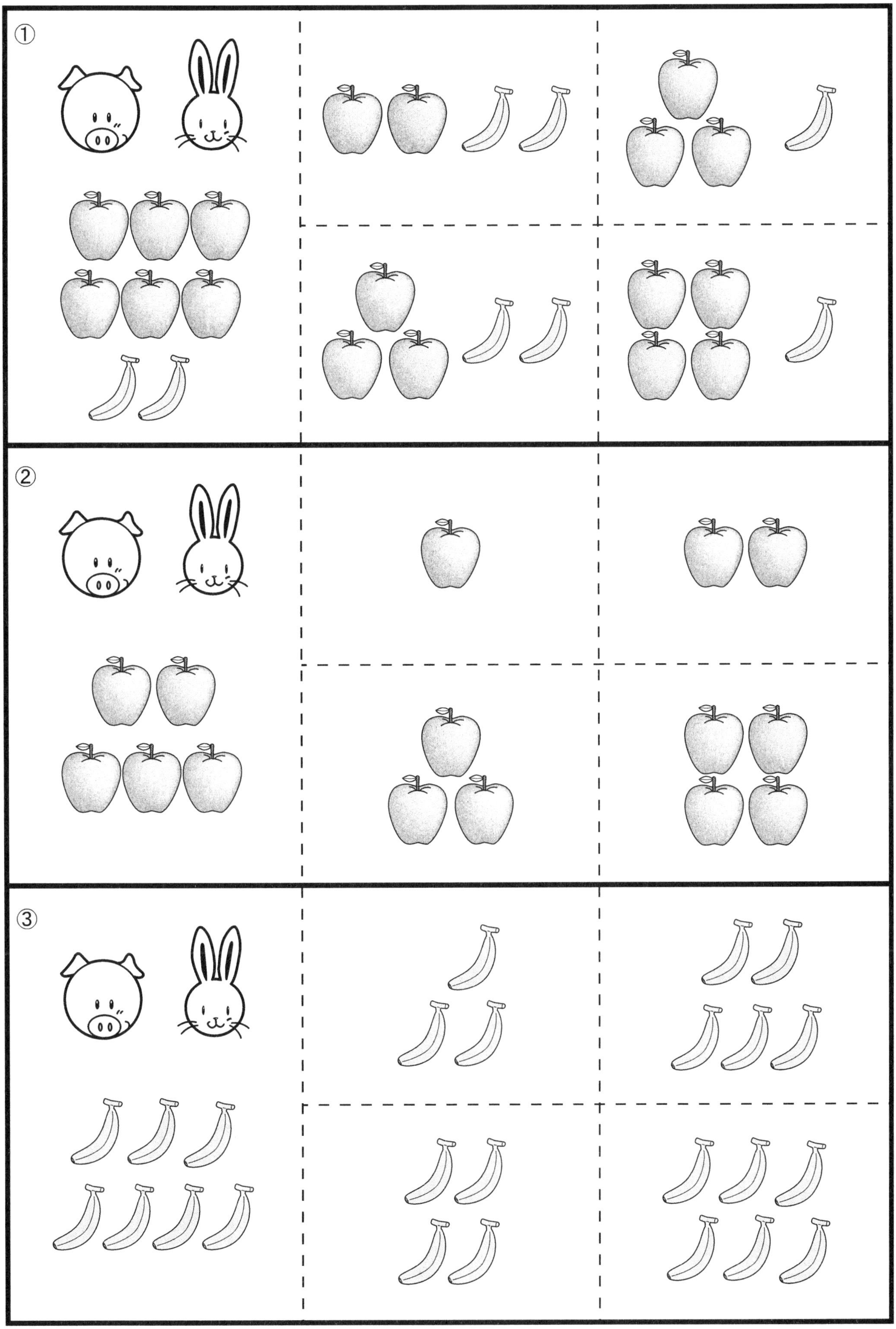

問題24－2

④

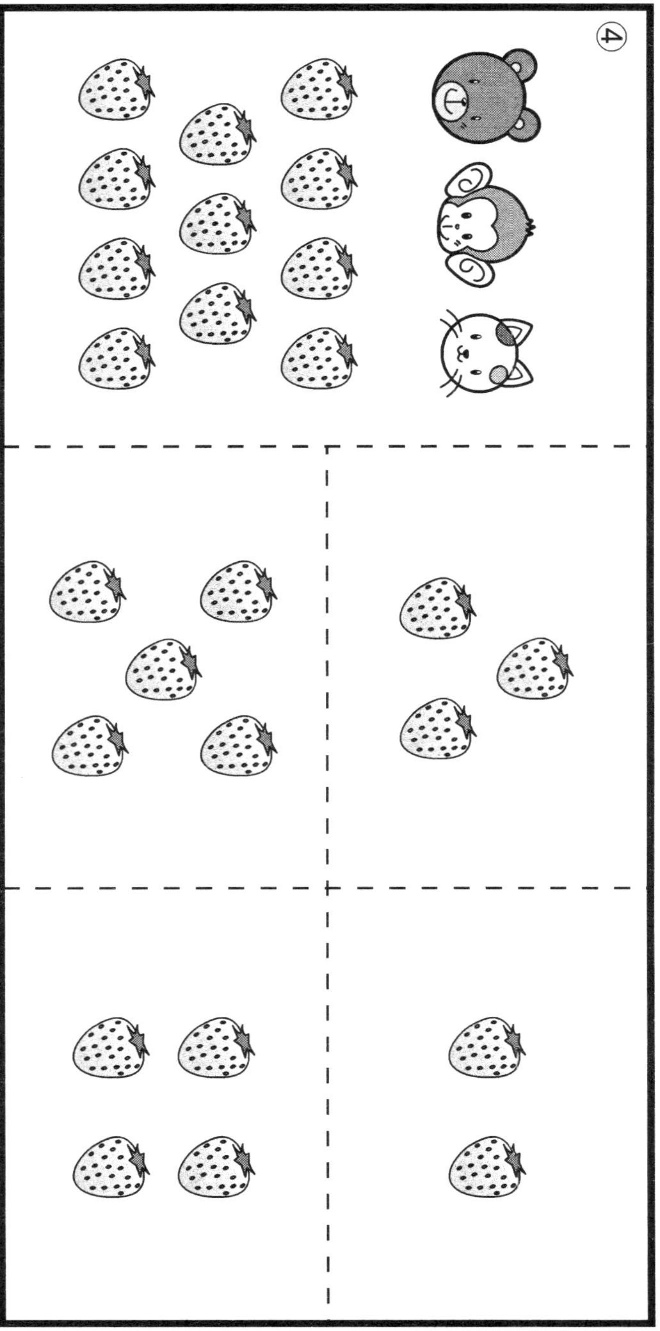

⑤

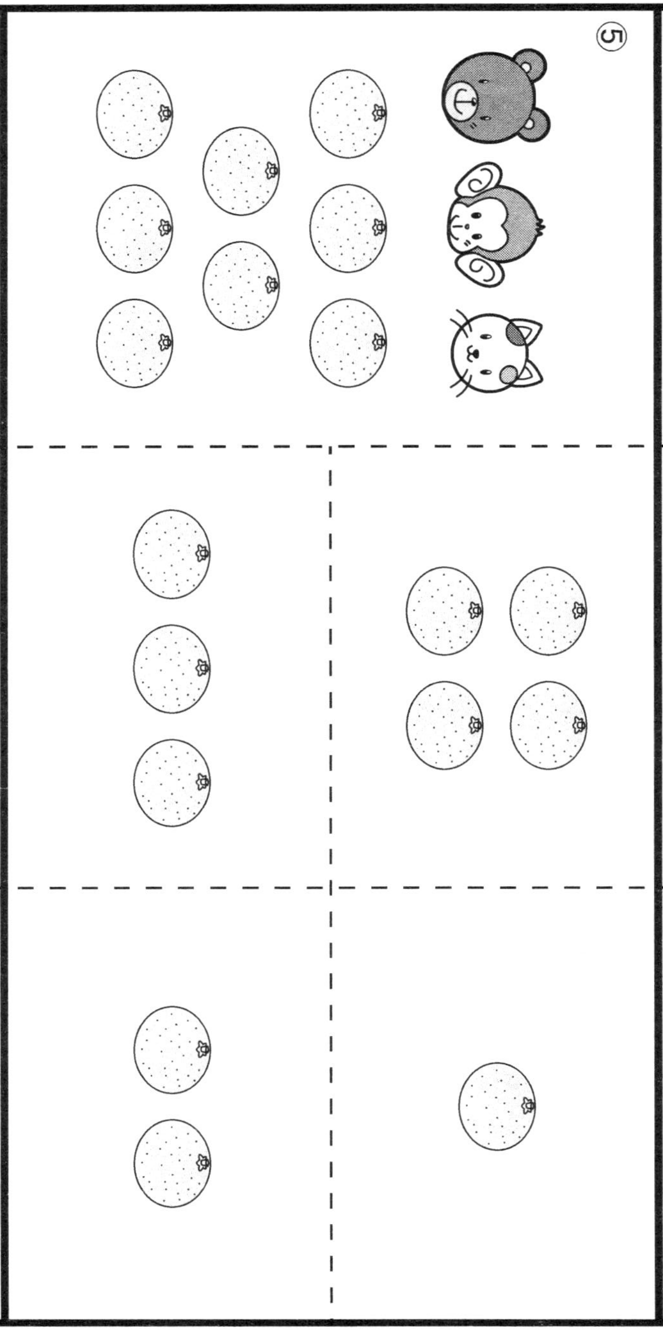

⑥

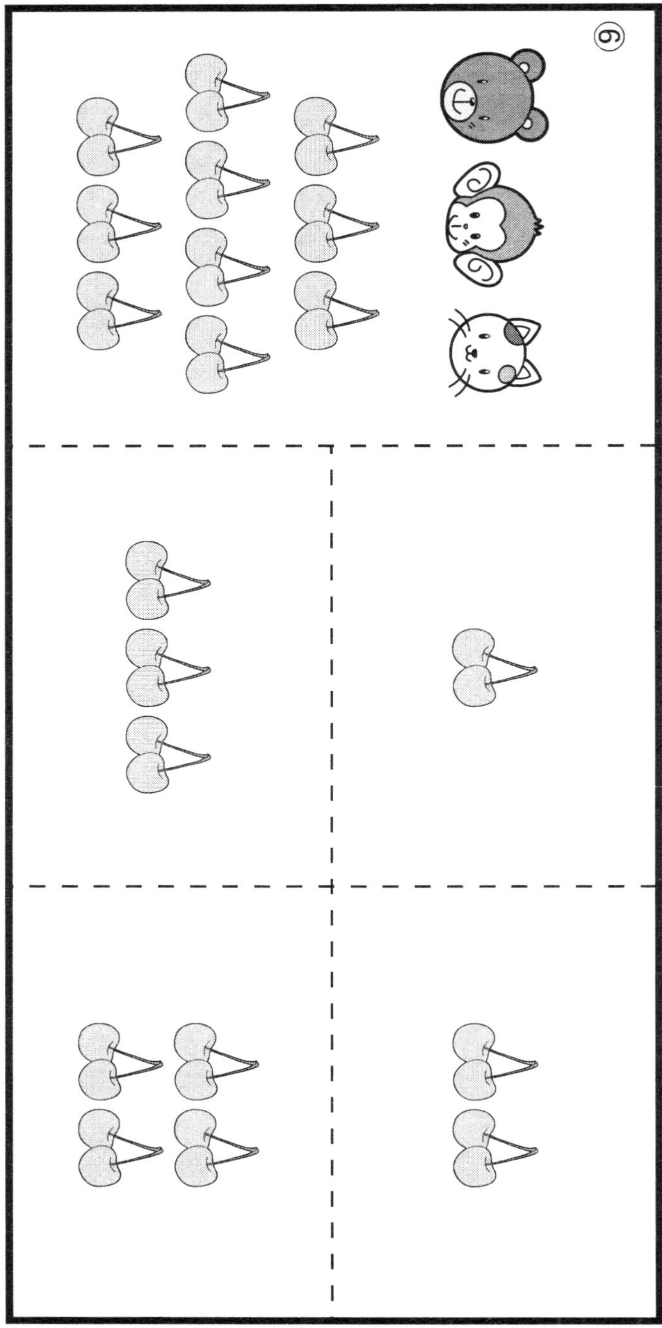

問題２５－１

① ② ③ ④

2022年度 成蹊小学校 過去 無断複製／転載を禁ずる

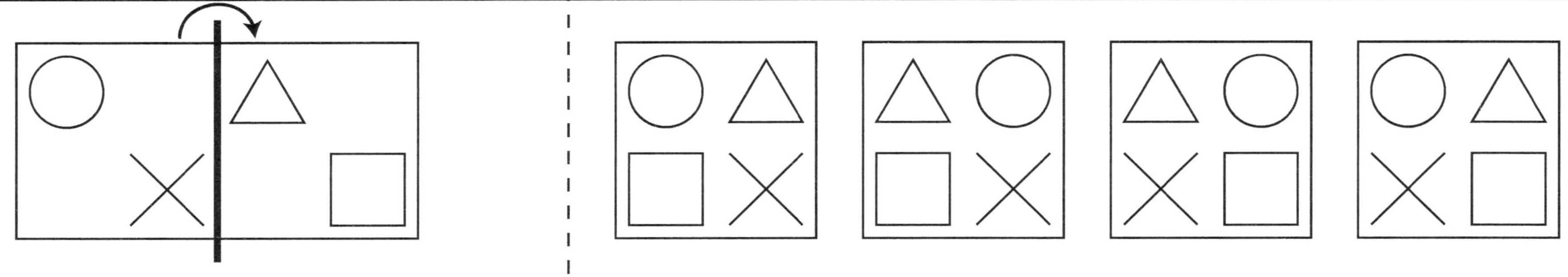

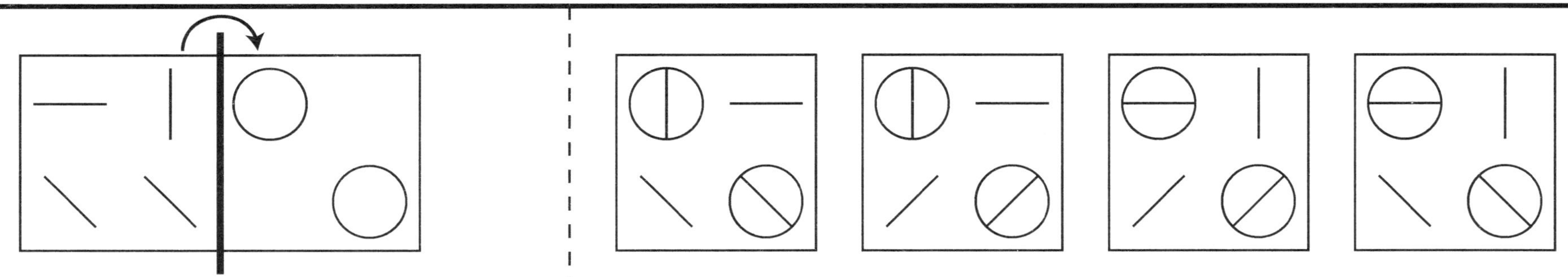

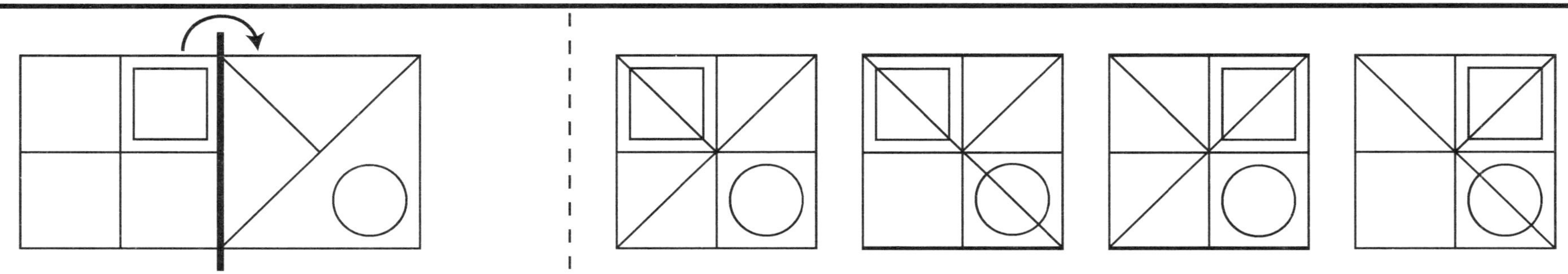

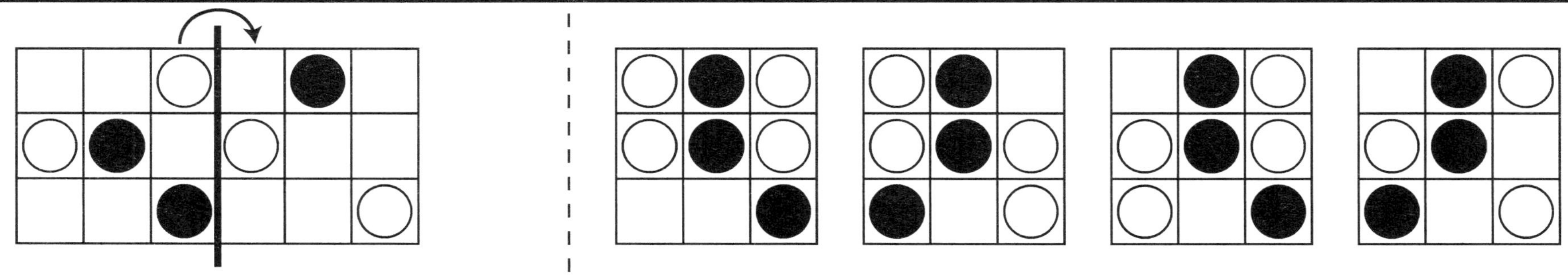

⑤
⑥
⑦
⑧

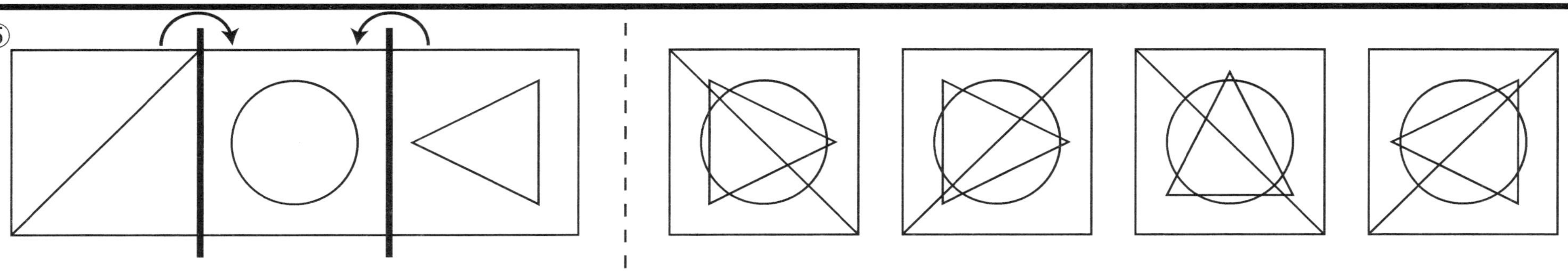

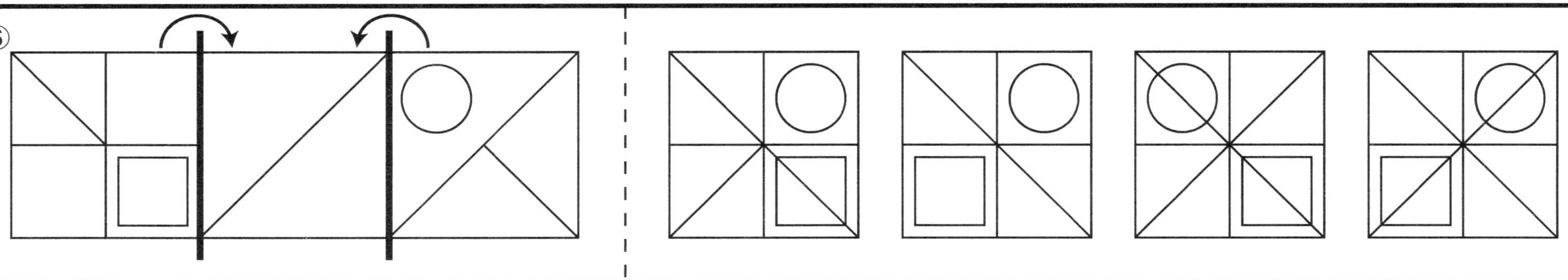

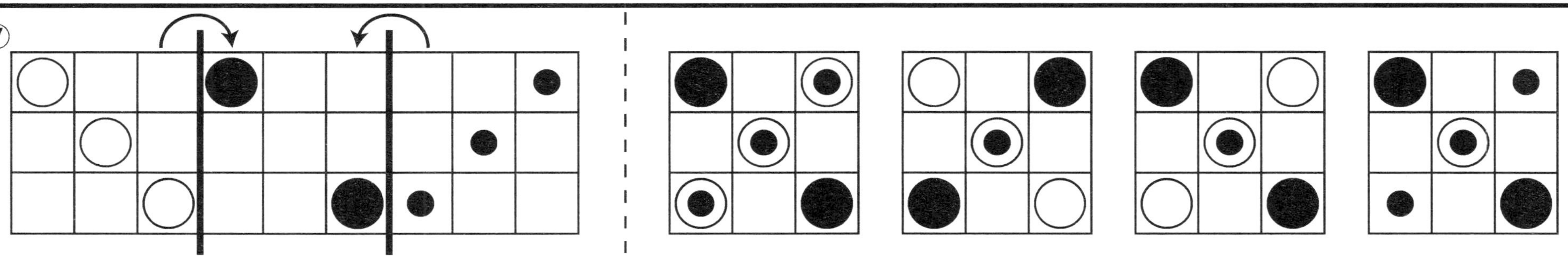

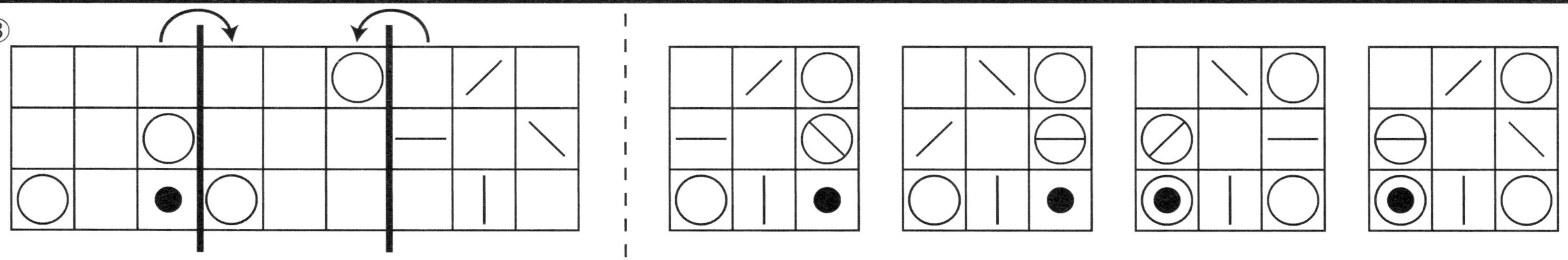

問題２６

①

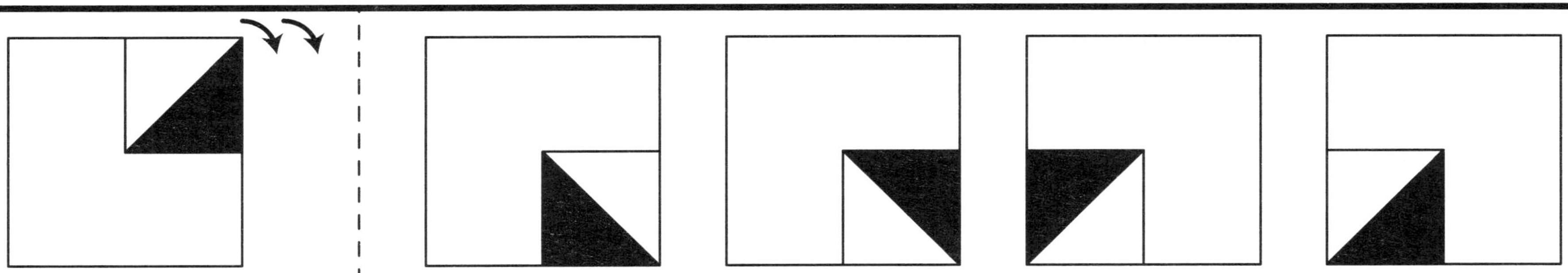

②

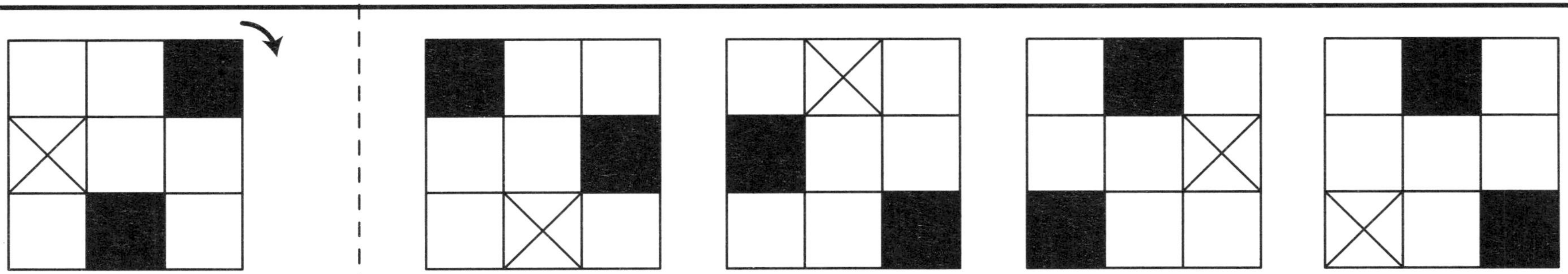

③

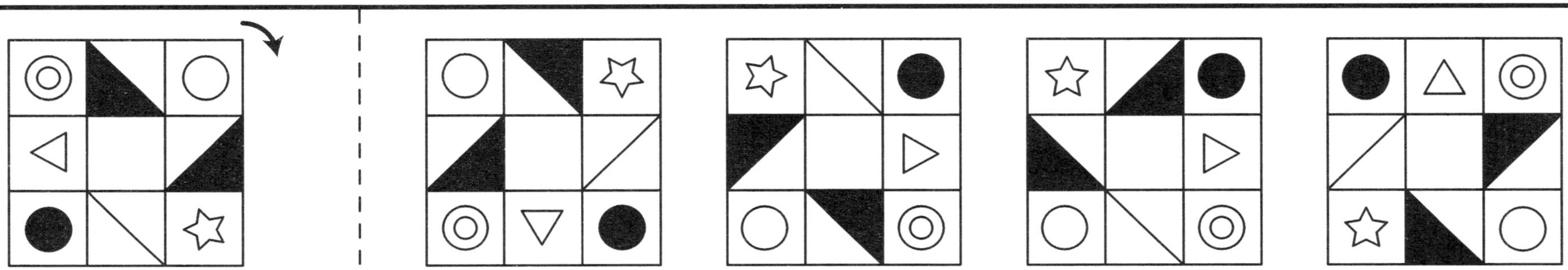

④

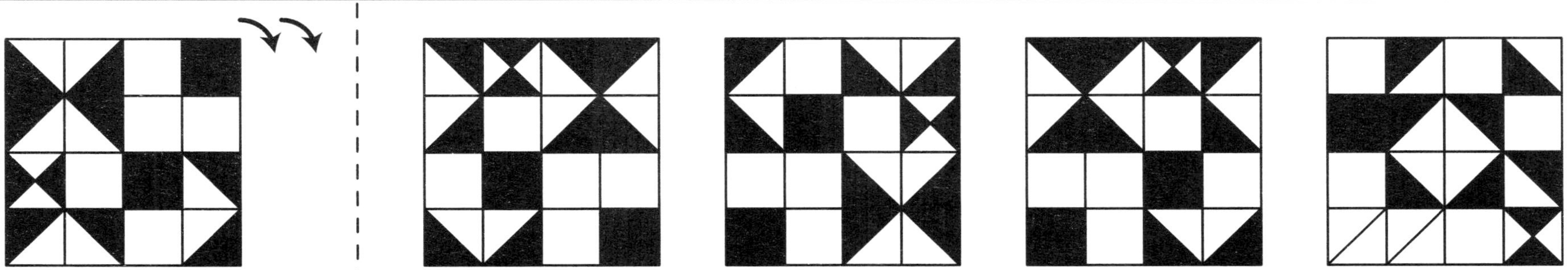

2022年度 成蹊小学校 過去 無断複製／転載を禁ずる 日本学習図書株式会社

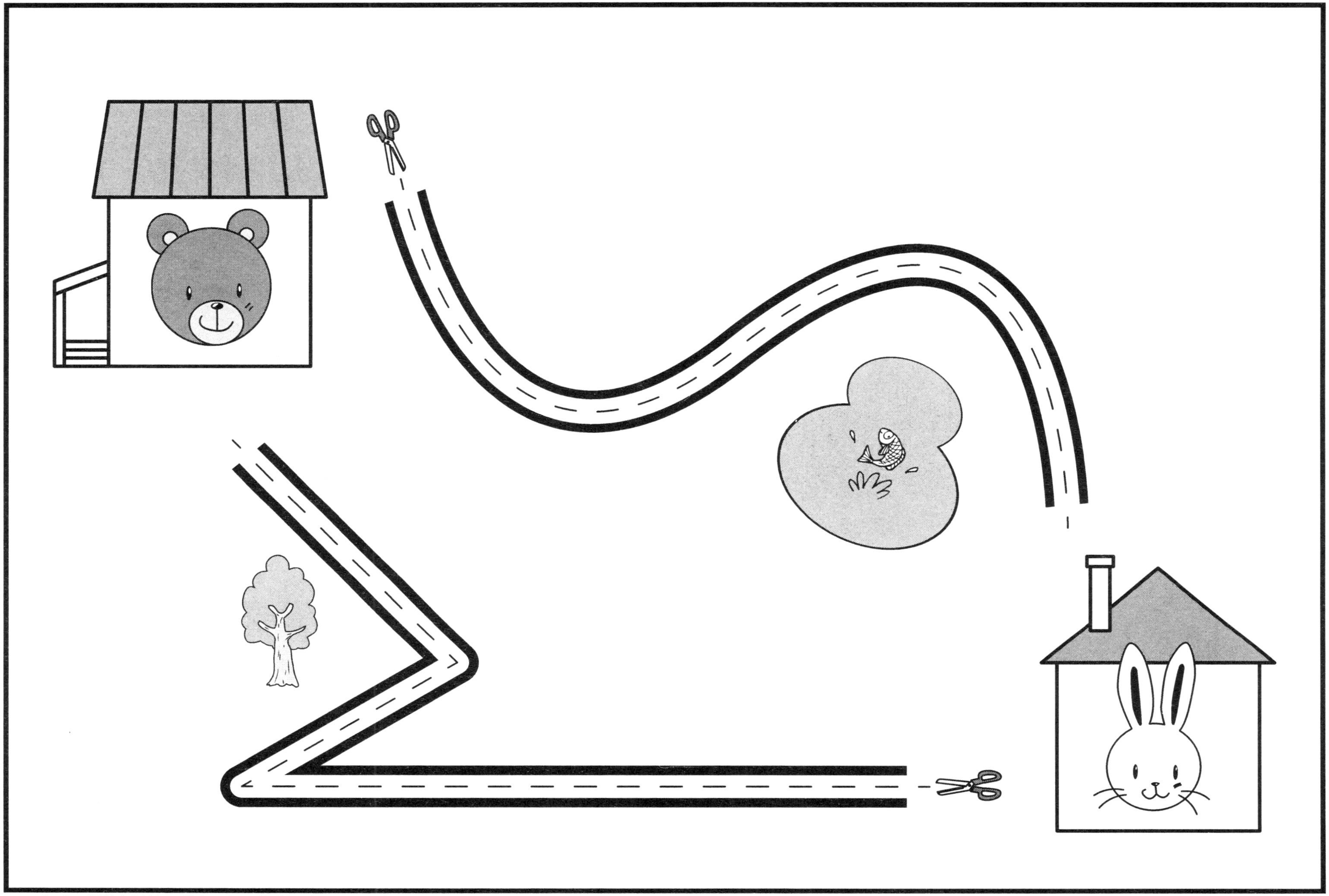

2022年度 成蹊小学校 過去 無断複製／転載を禁ずる 日本学習図書株式会社

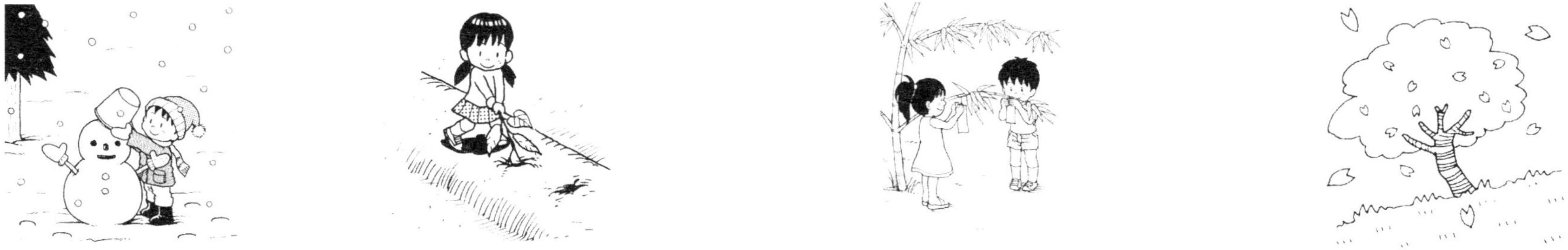

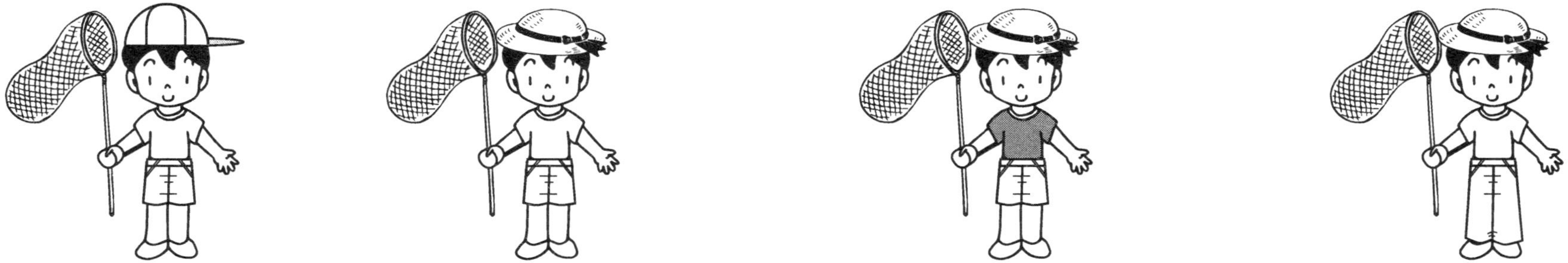

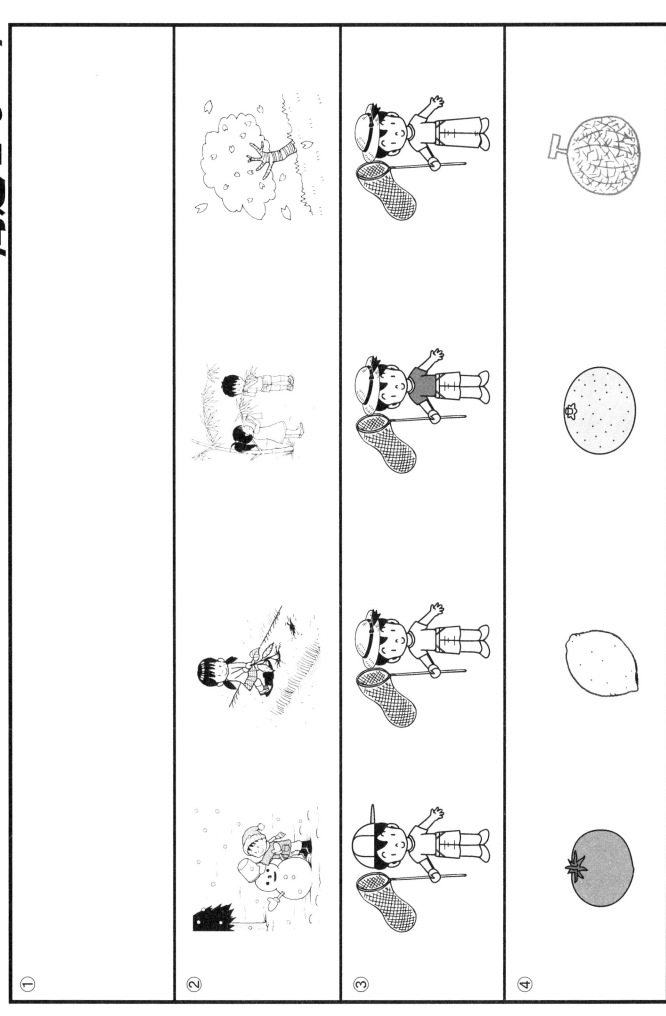

問題２９－２

⑤

⑥

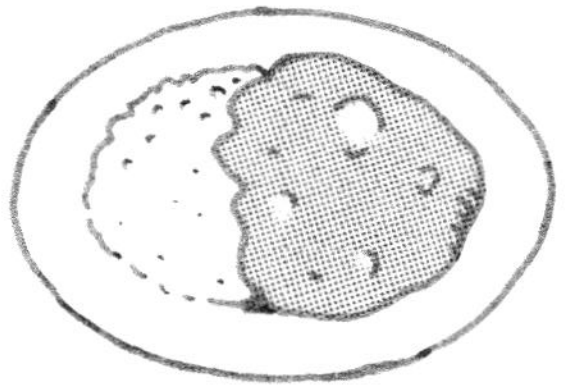
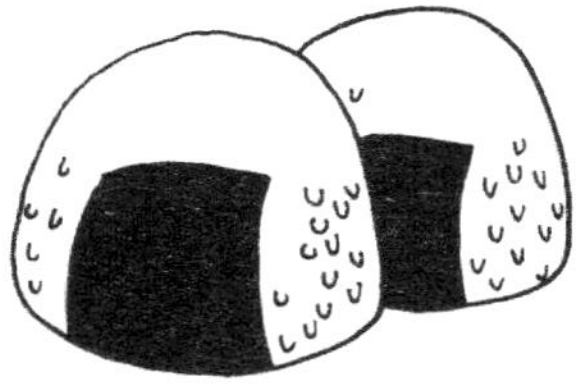

⑦

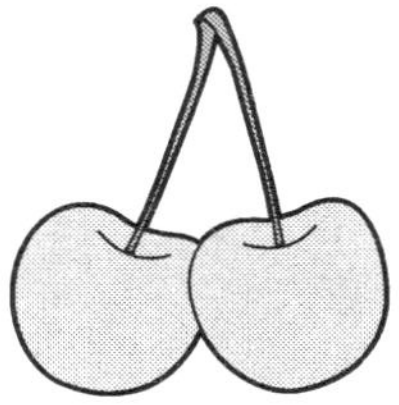

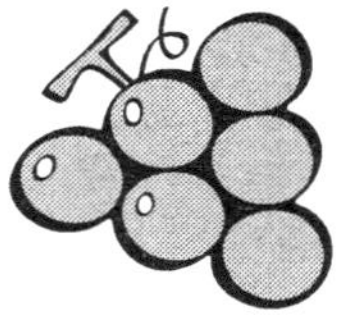

⑧

日本学習図書株式会社

問題３０－１

①

②

③

④

問題３０－２

⑤

⑥

⑦

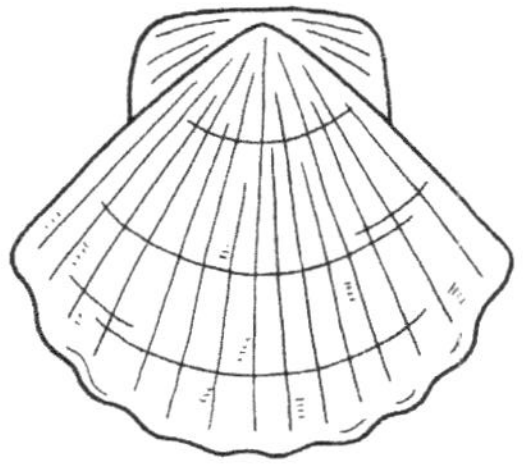

⑧

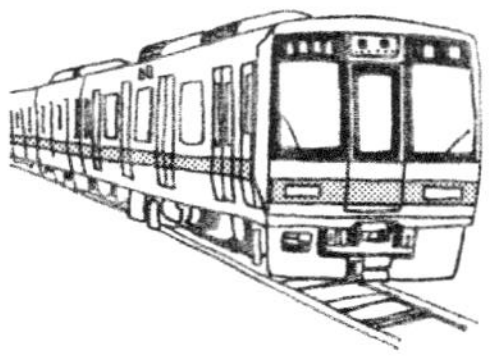

③

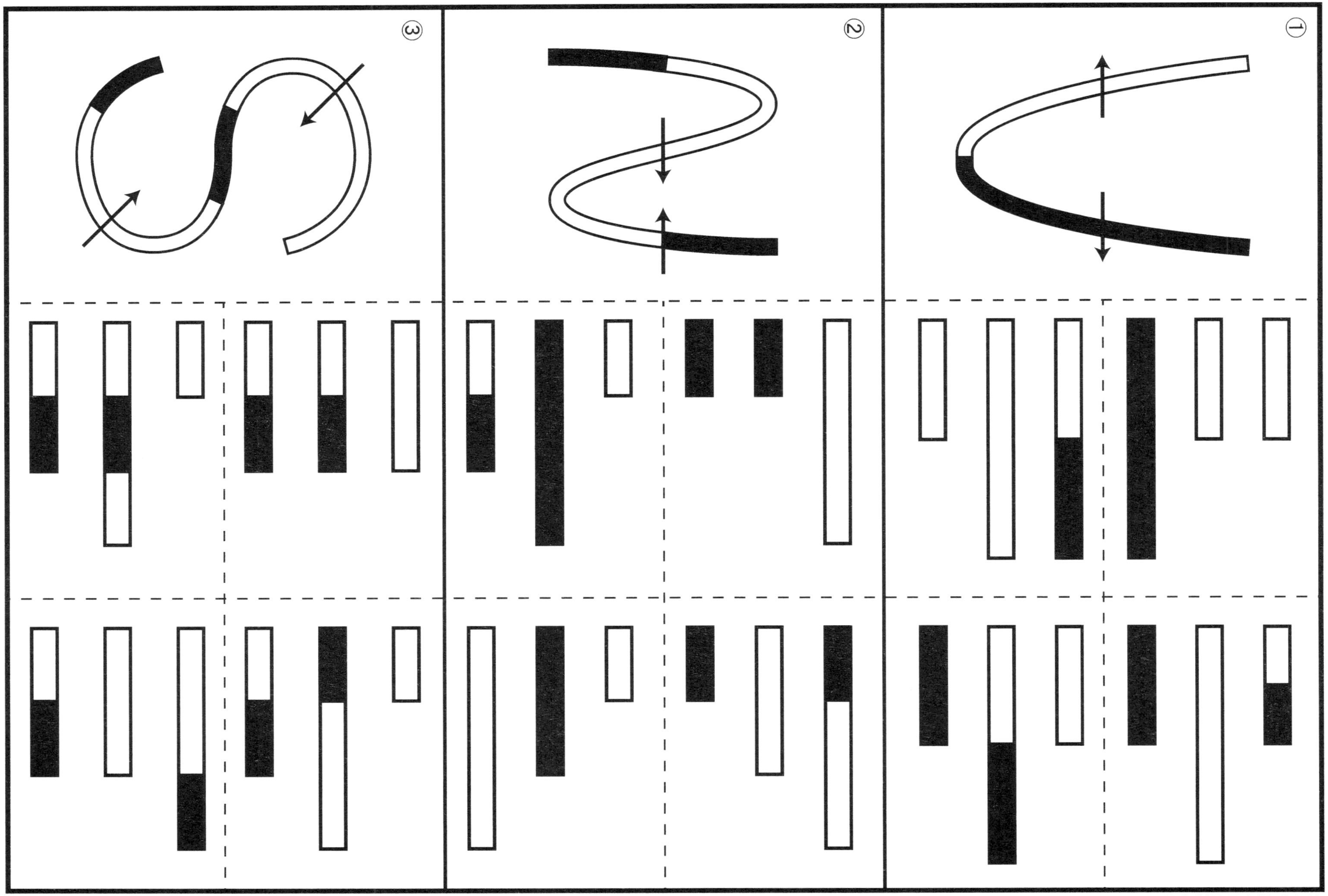

問題31－2

④

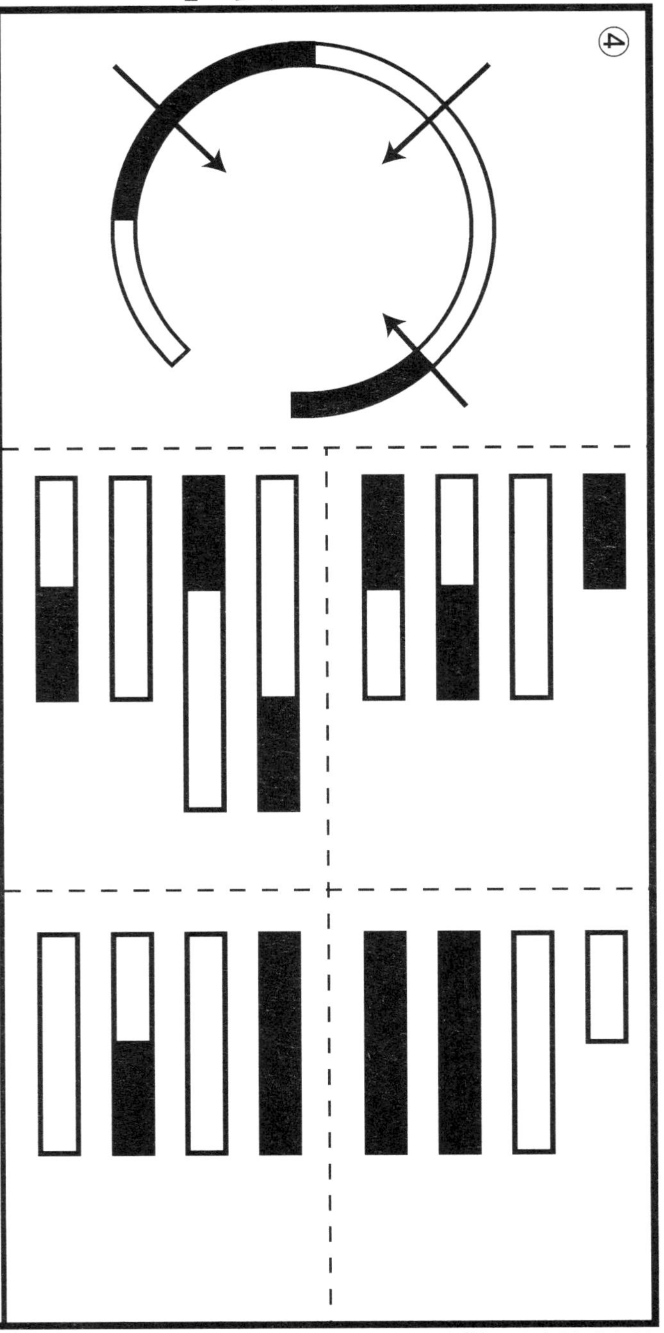

⑤

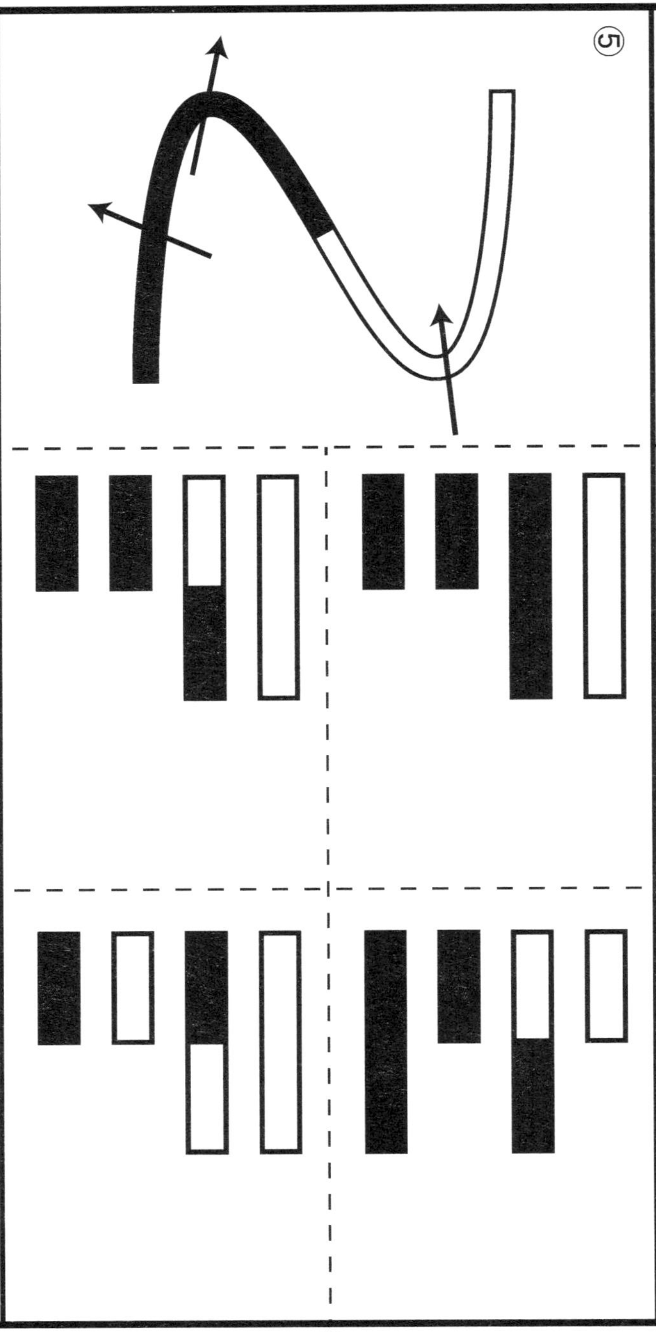

⑥

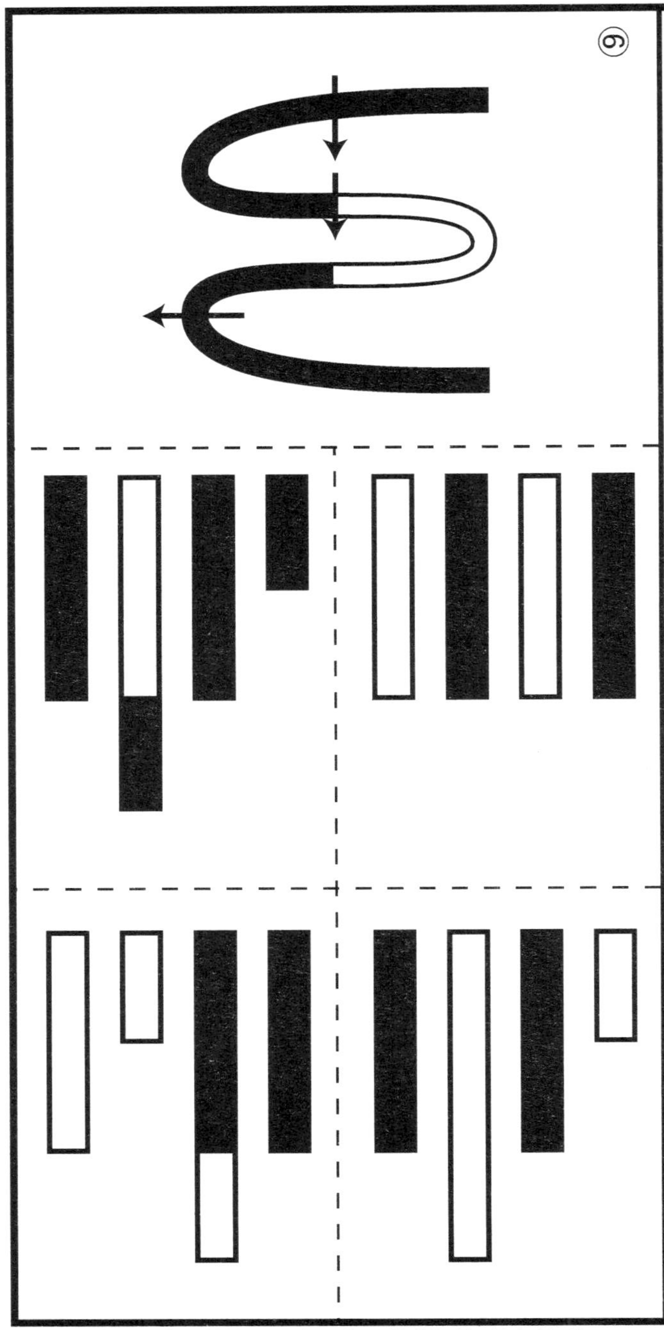

　

問題３２

①

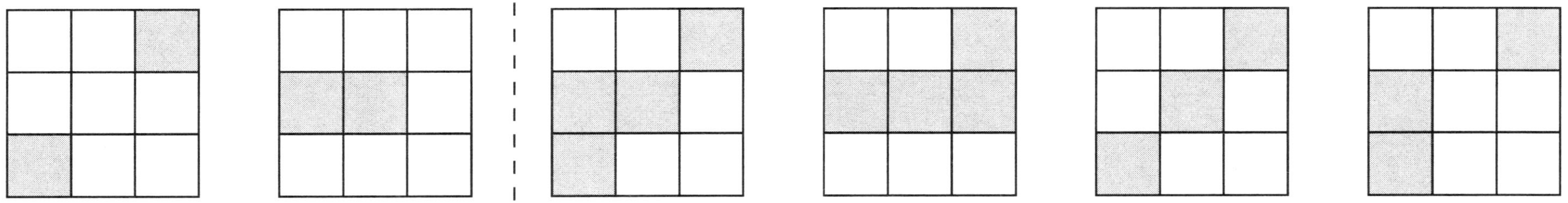

②

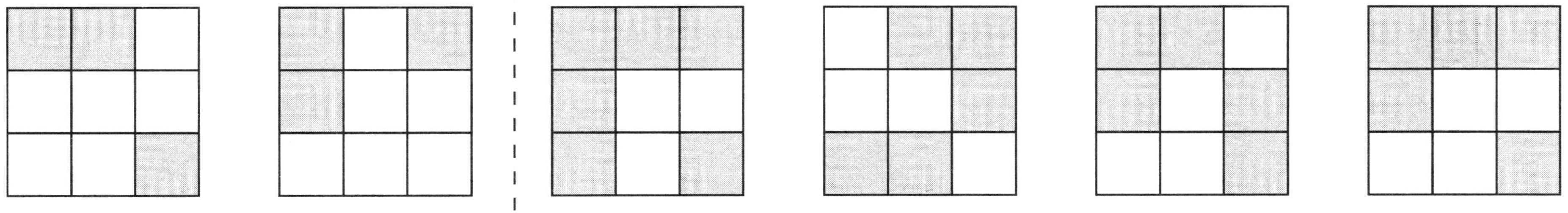

③

④

日本学習図書株式会社

2022年度 成蹊小学校 過去 無断複製／転載を禁ずる

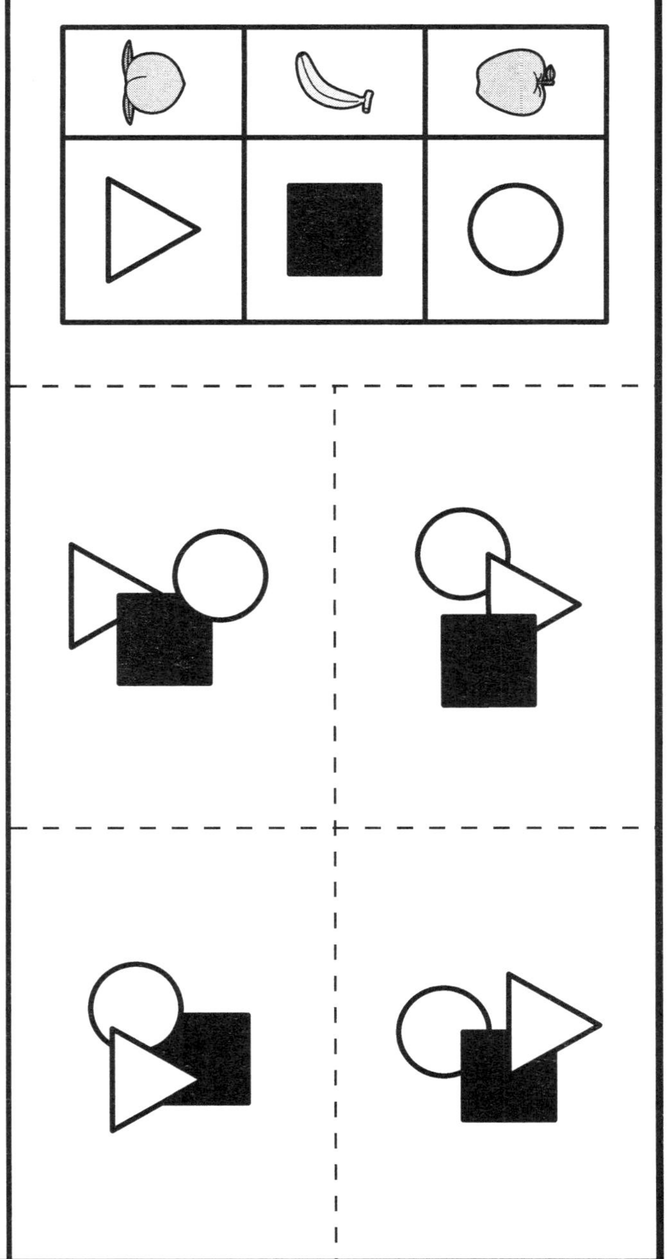

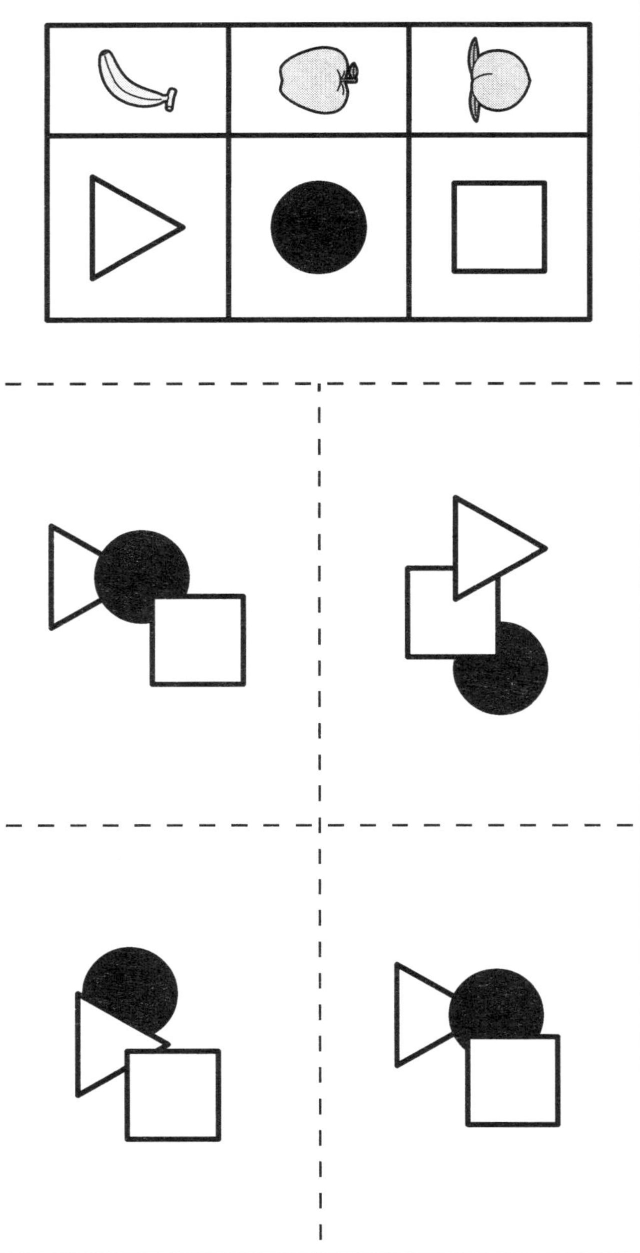

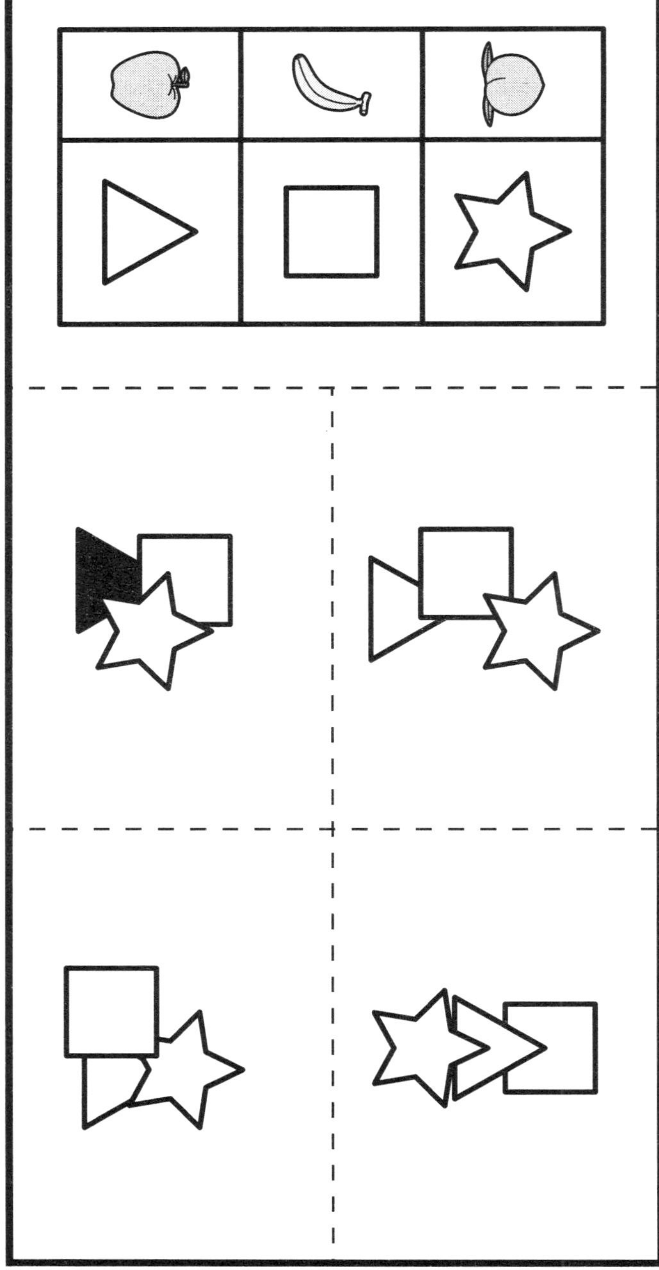

日本学習図書株式会社

2022 年度 成蹊小学校 過去 無断複製／転載を禁ずる

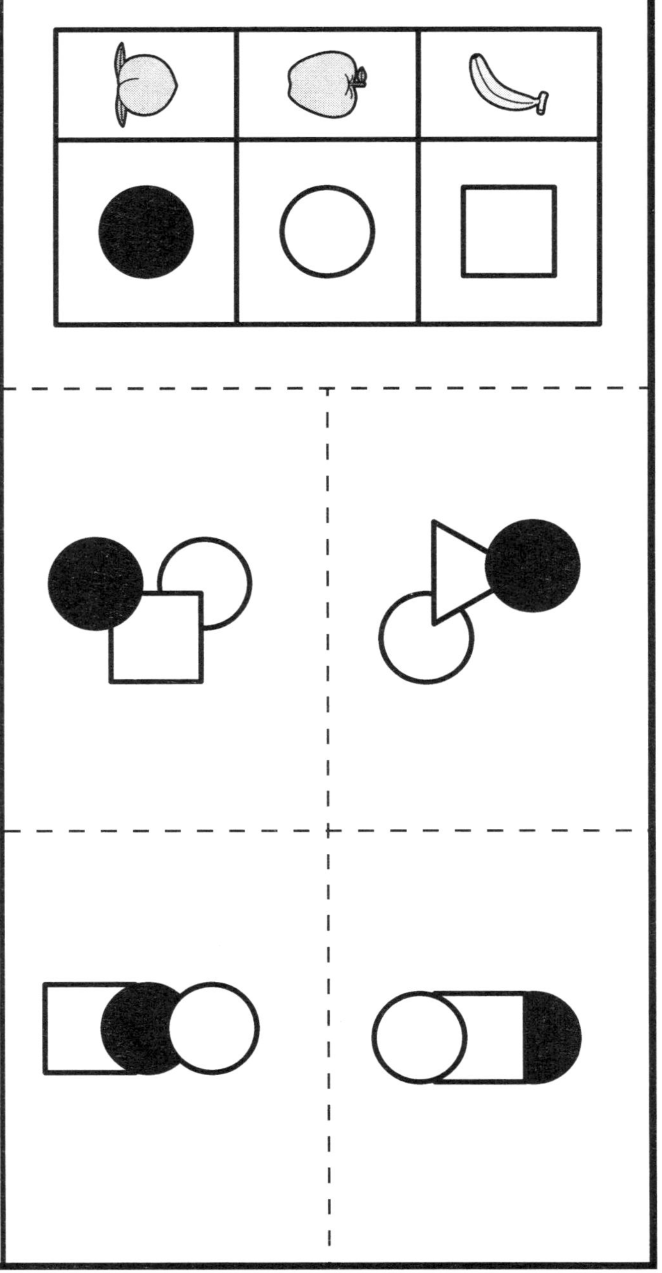

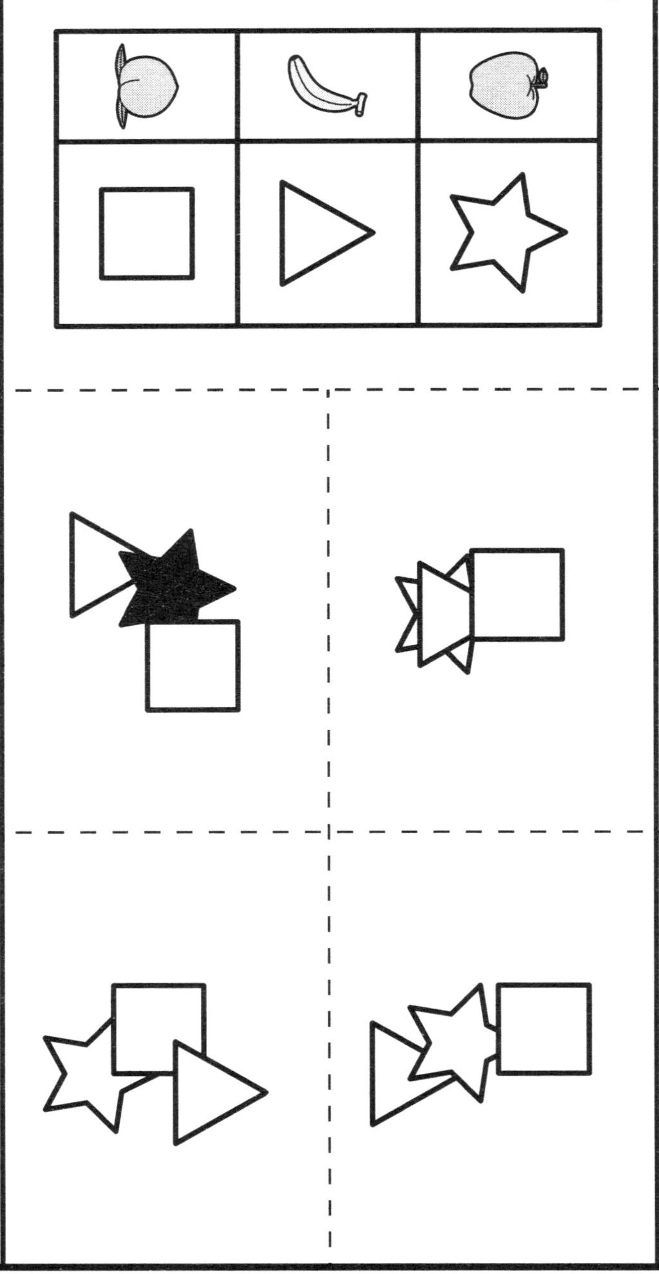

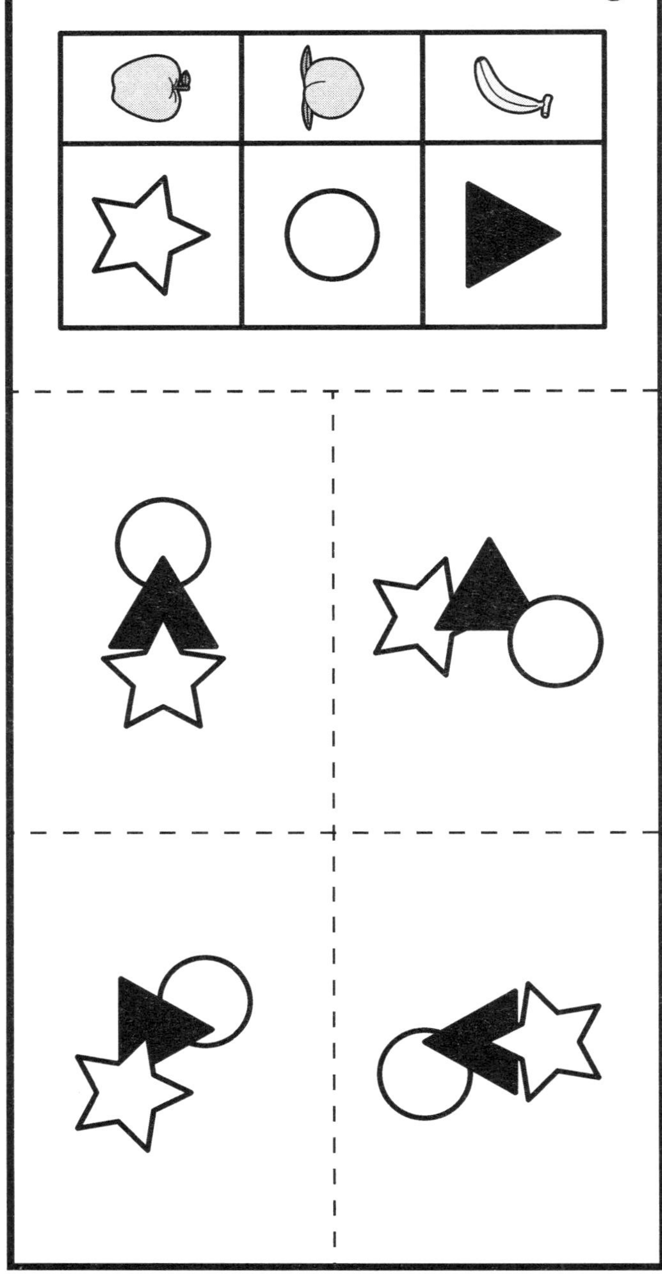

問題３４

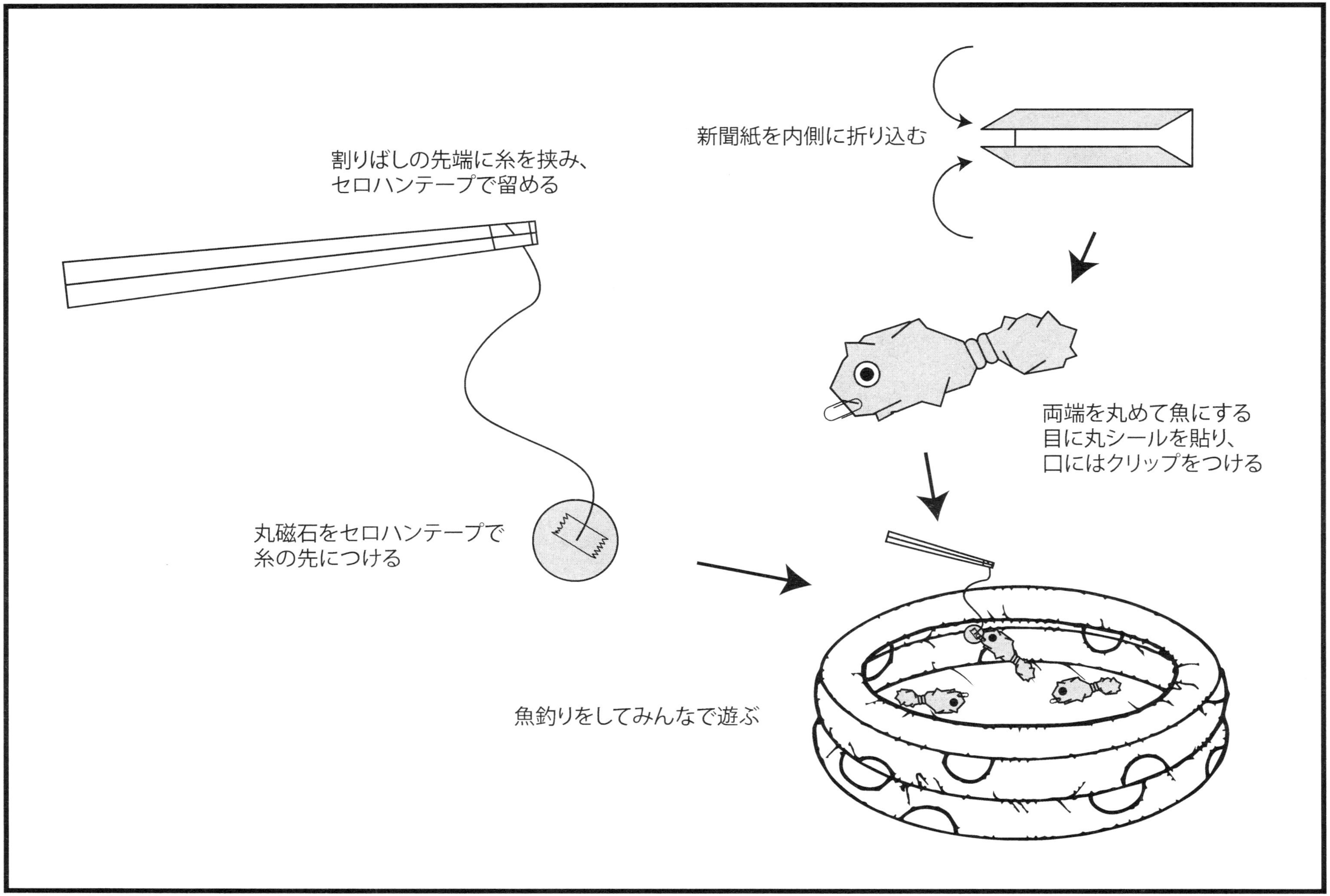
新聞紙を内側に折り込む
割りばしの先端に糸を挟み、
セロハンテープで留める
両端を丸めて魚にする
目に丸シールを貼り、
口にはクリップをつける
丸磁石をセロハンテープで
糸の先につける
魚釣りをしてみんなで遊ぶ

問題35

①

真ん中から始め、左右の線を交互にまたぐ。

②

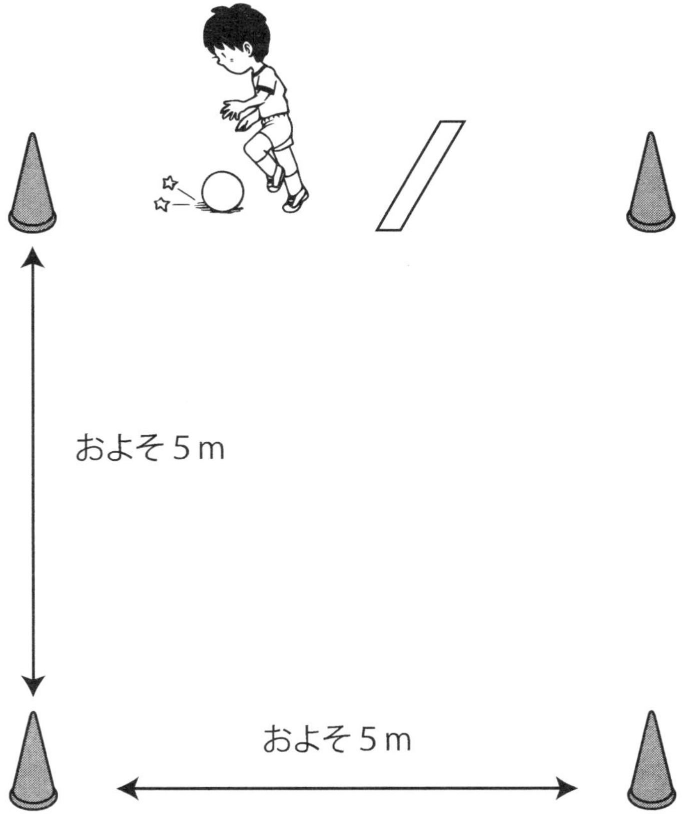

問題36

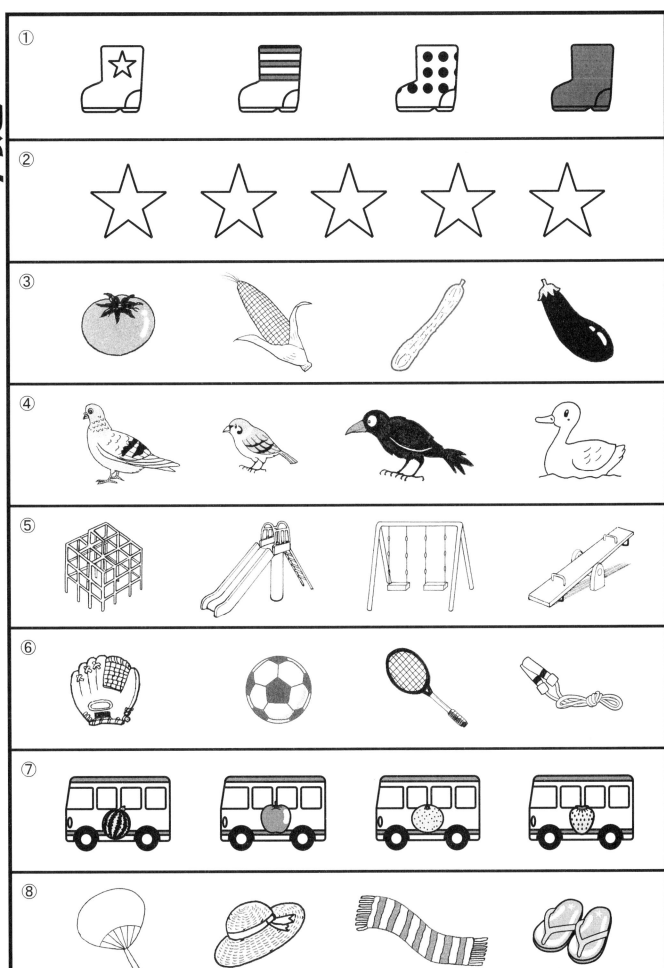

①

②

③

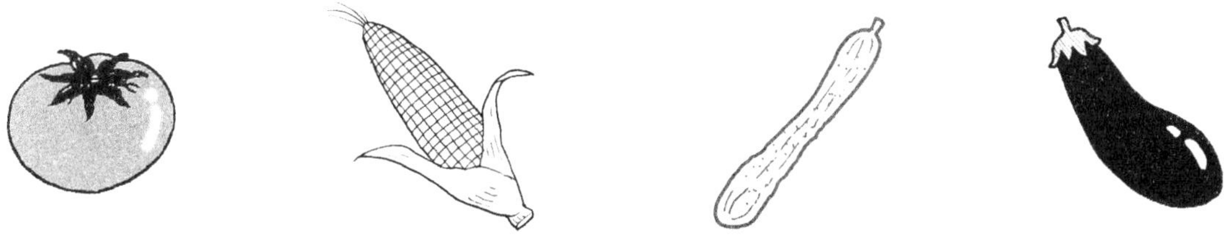

④

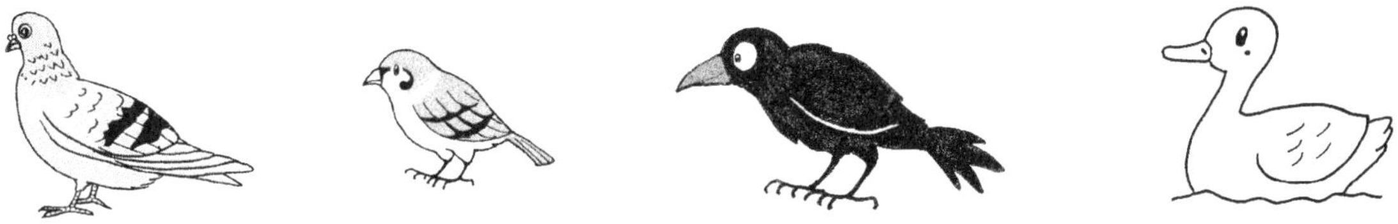

⑤

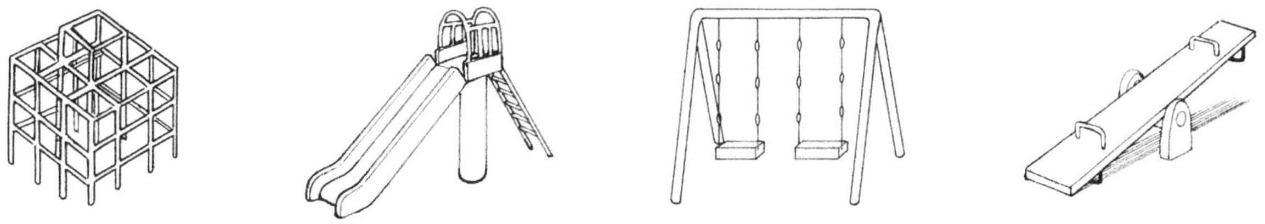

⑥

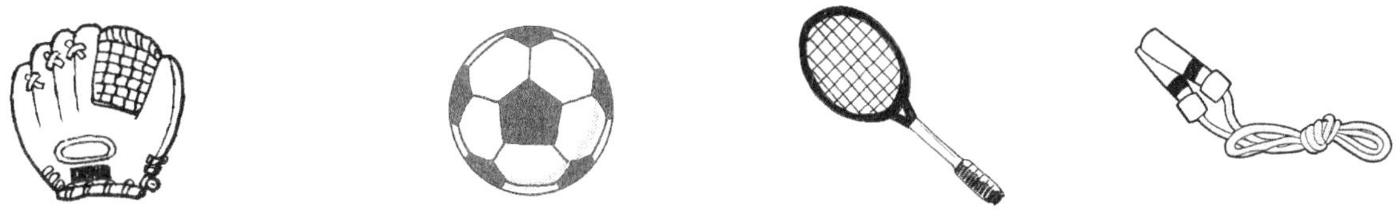

⑦

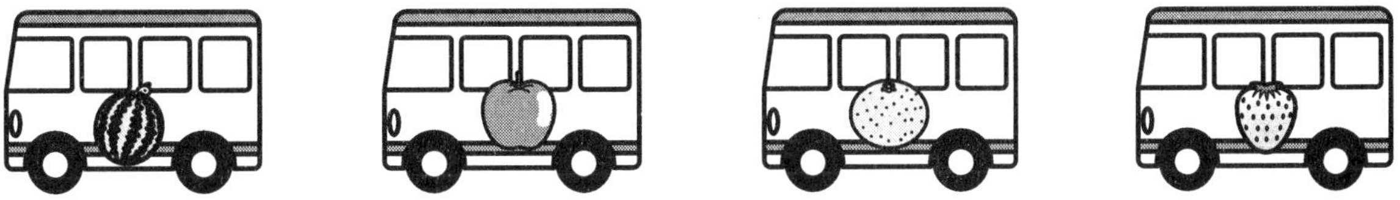

⑧

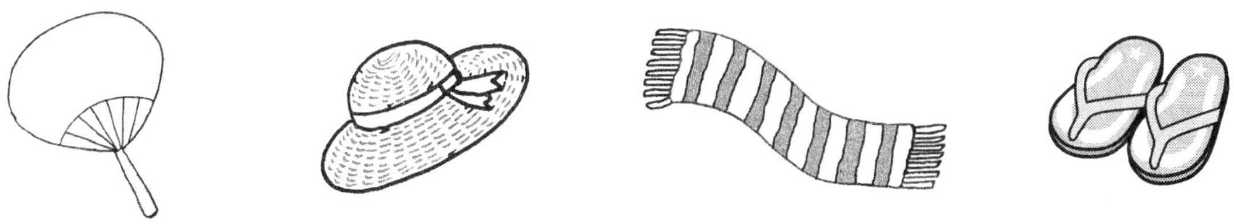

問題３７

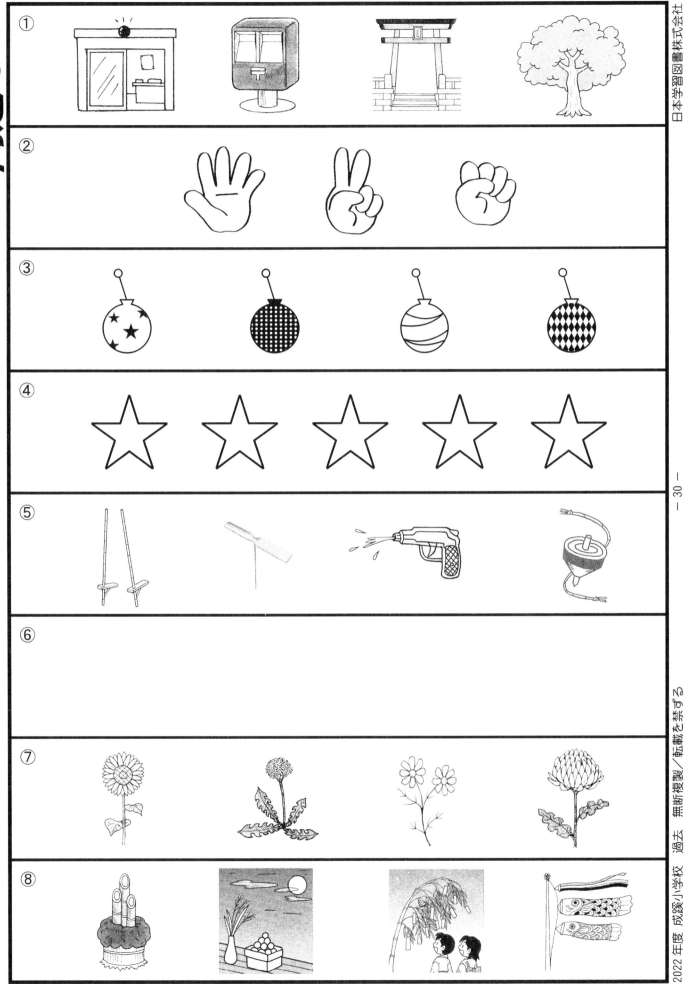

①

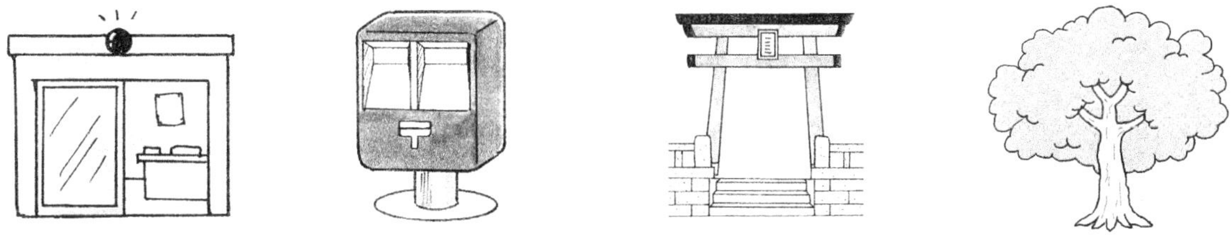

②

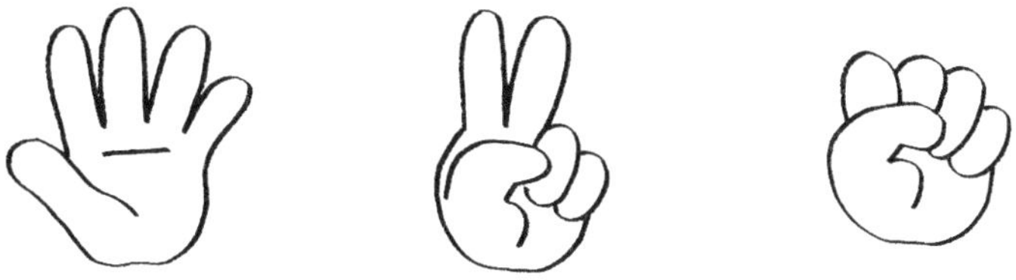

③

④

⑤

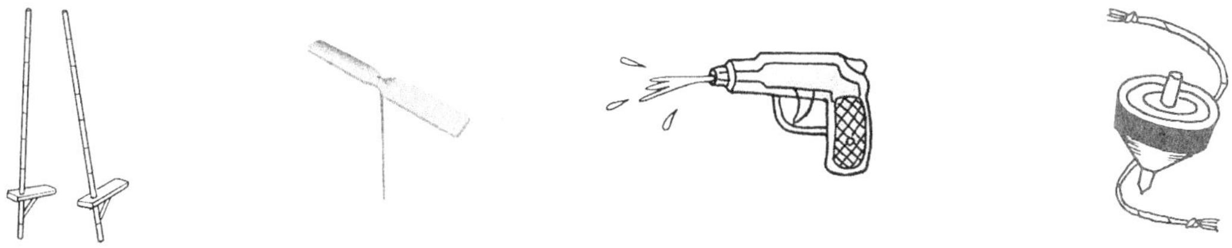

⑥

⑦

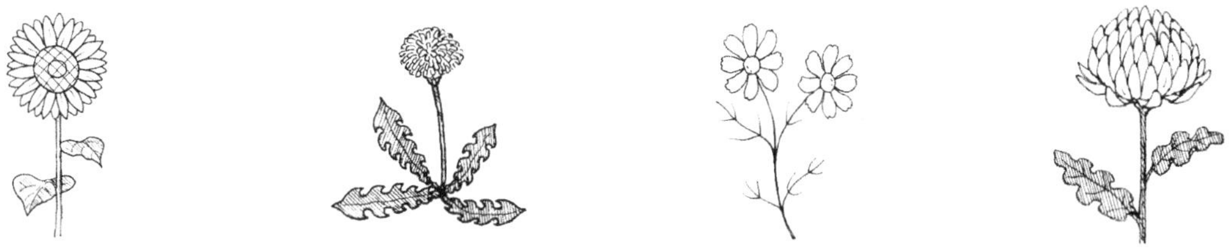

⑧

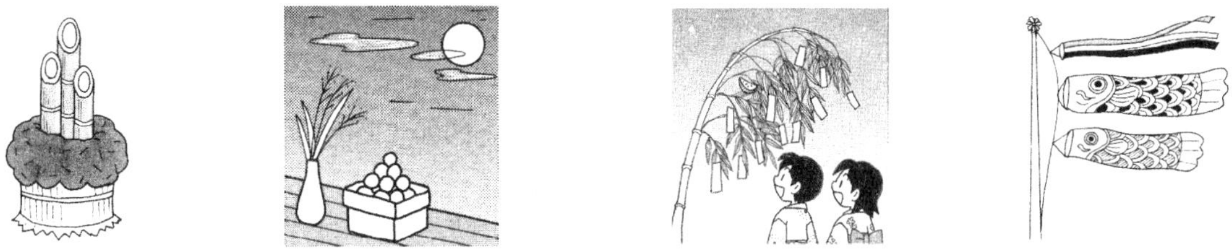

2022 年度　成蹊小学校　過去　無断複製／転載を禁ずる　　日本学習図書株式会社

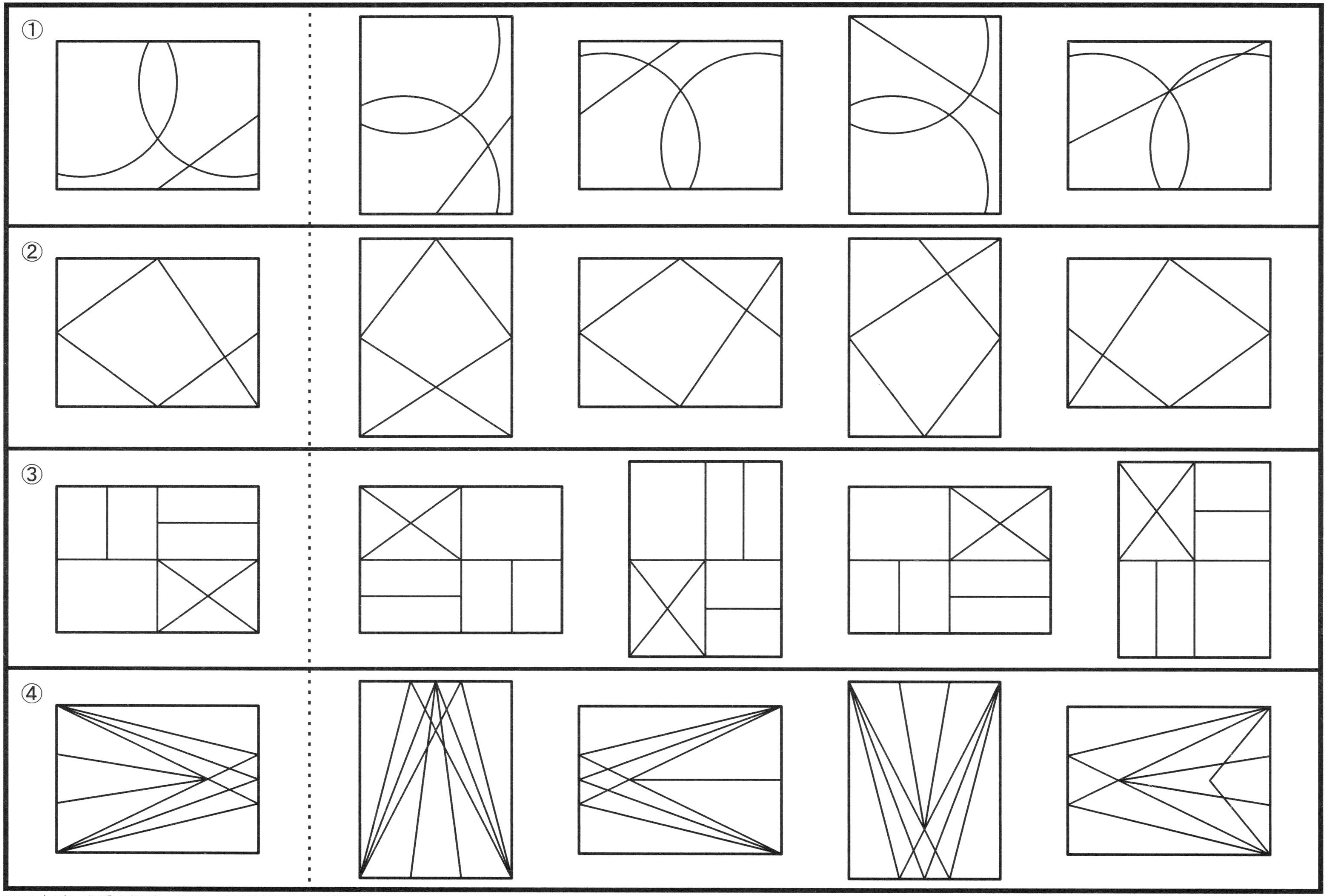

日本学習図書株式会社

2022 年度 成蹊小学校 過去 無断複製／転載を禁ずる

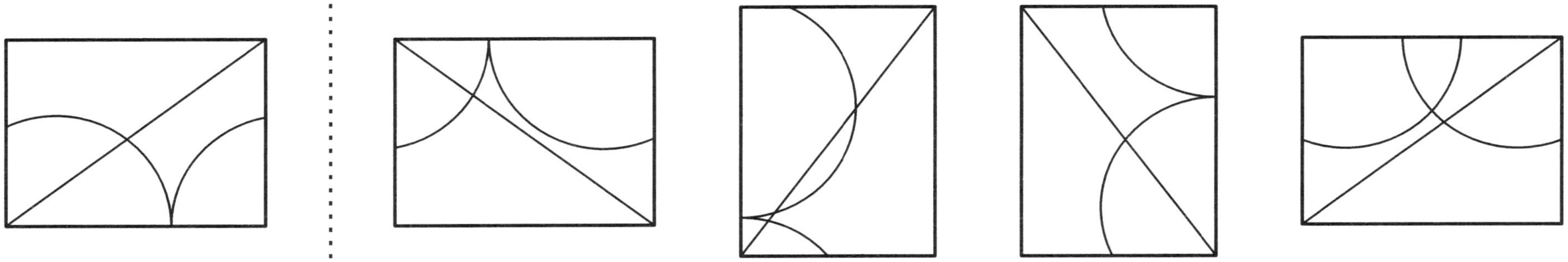

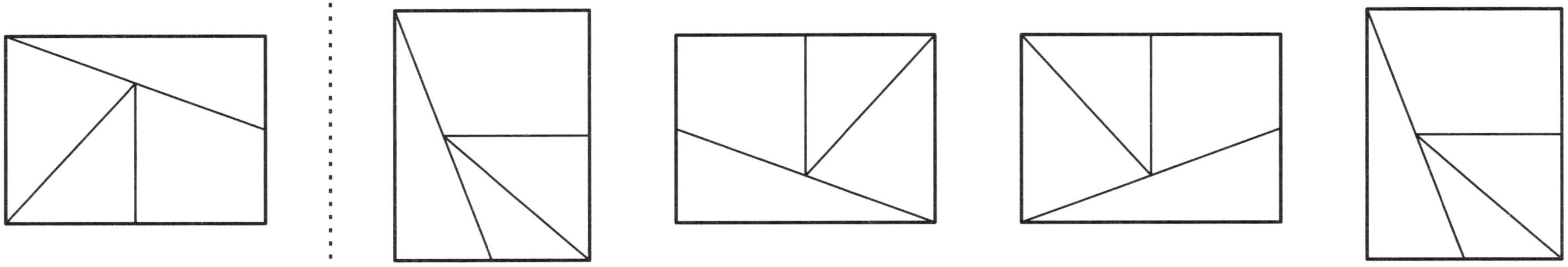

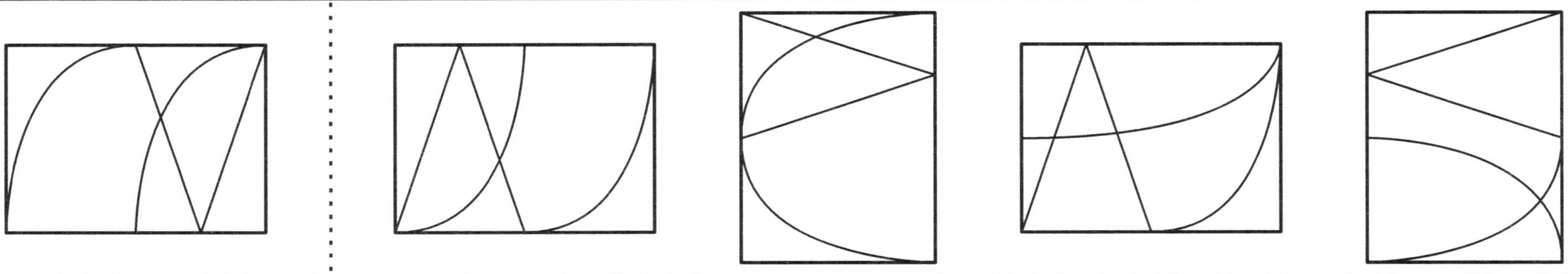

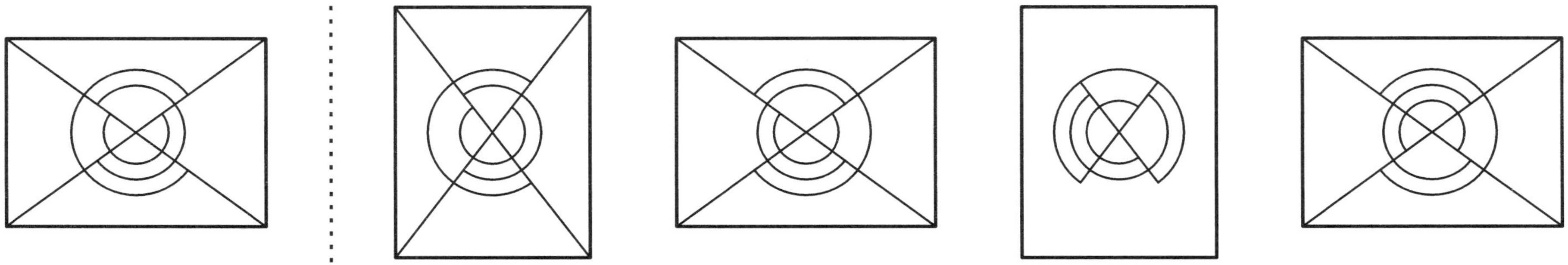

2022 年度 成蹊小学校 過去 無断複製／転載を禁ずる 日本学習図書株式会社

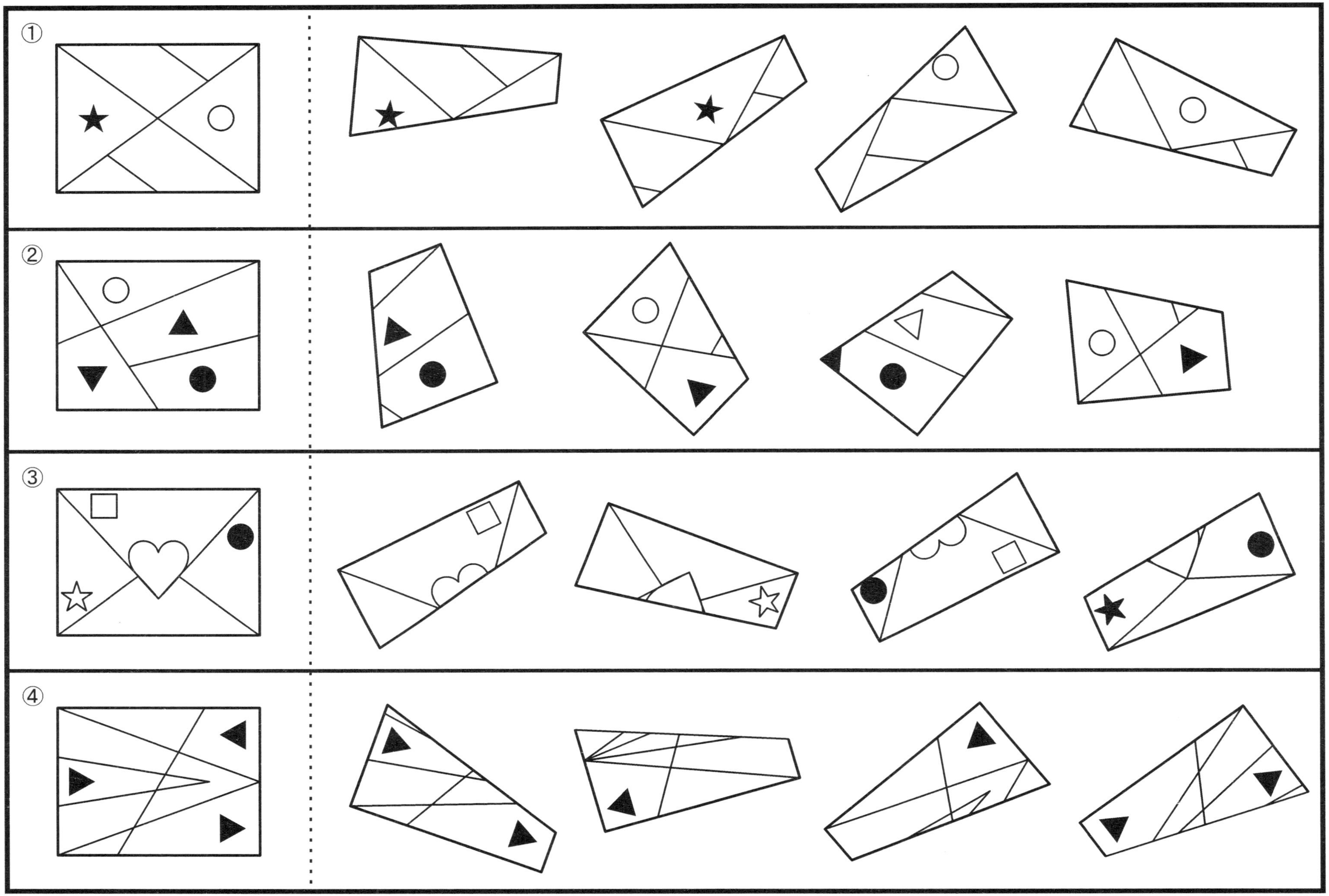

問題３９－２

⑤

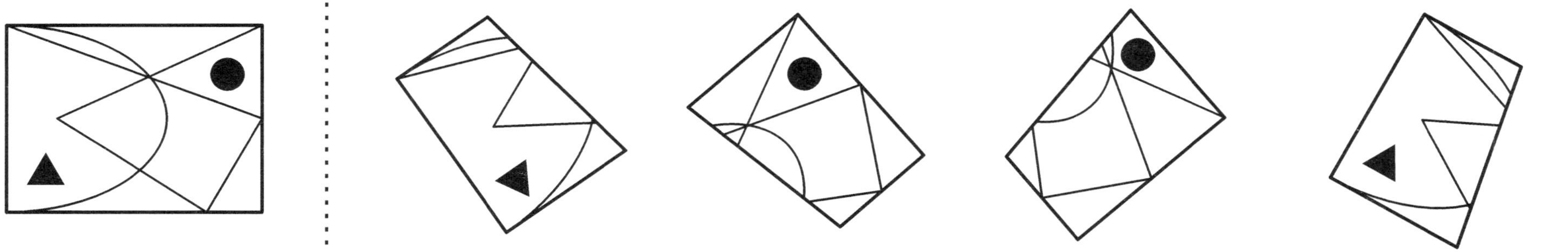

⑥

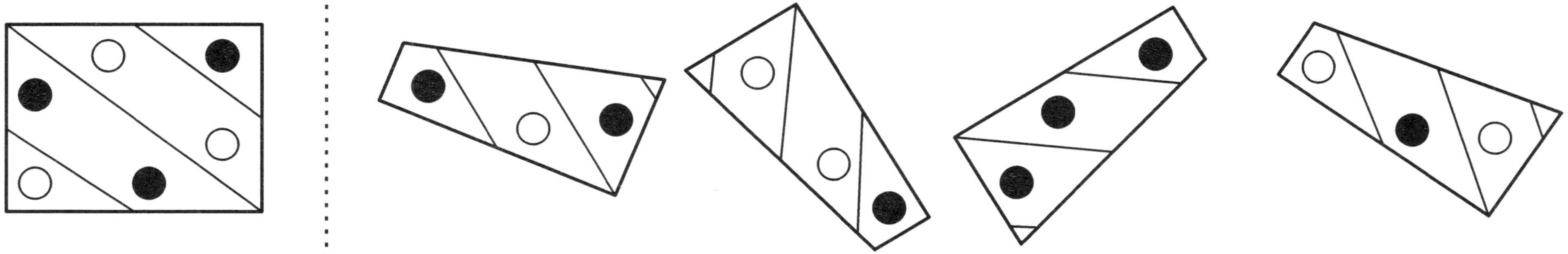

⑦

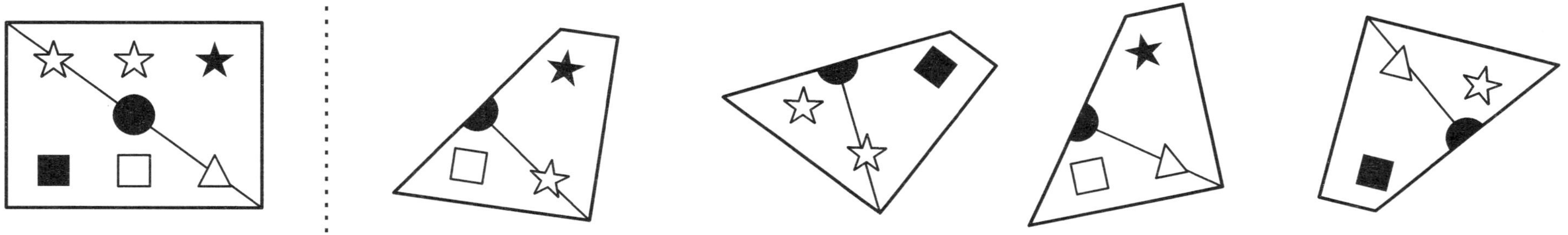

⑧

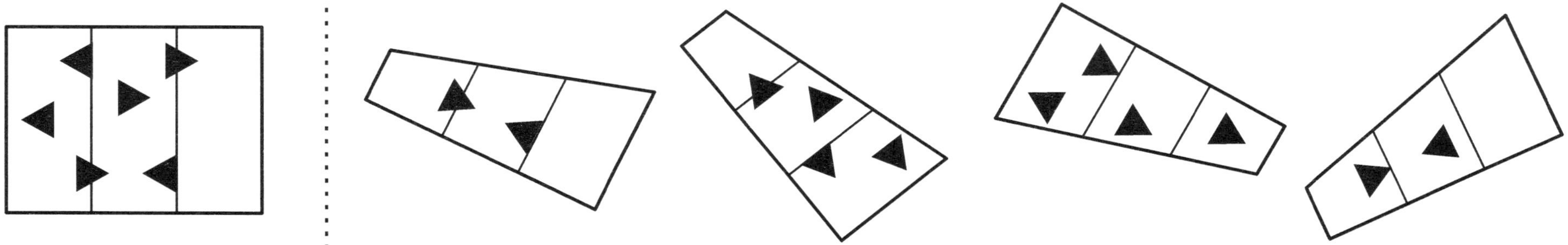

日本学習図書株式会社

問題40

①

細いストローの端に
セロハンテープを巻きつける。

② 省略（折り紙を切ってヤジリを作る。ヤジリの形はどのようなものでもよい）

③

②のヤジリを①にセロハンテープでとめる。
その時、先端の穴がふさがるようにする。

④
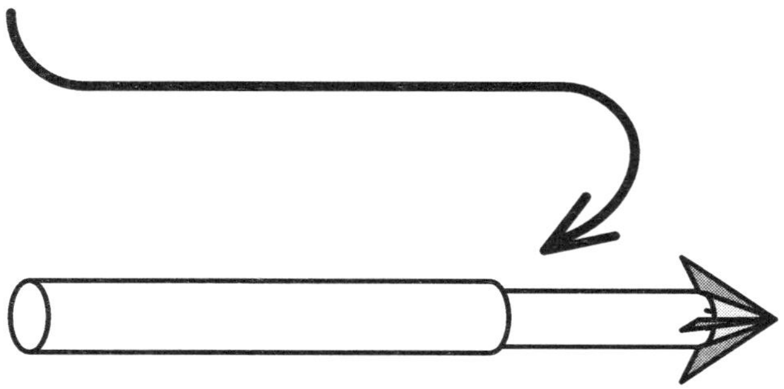
③を太いストローの中に入れる。

問題４２

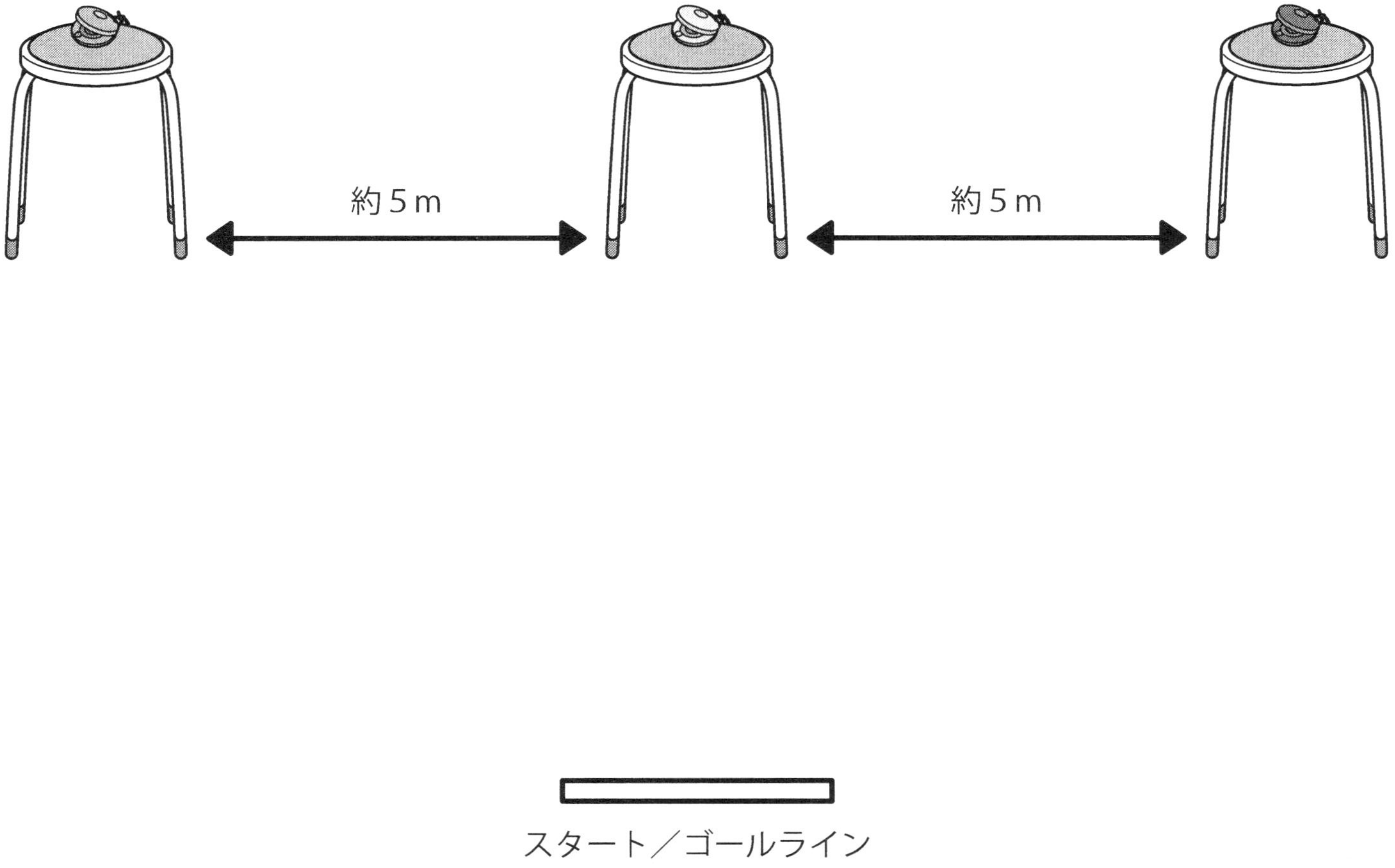

問題43

①

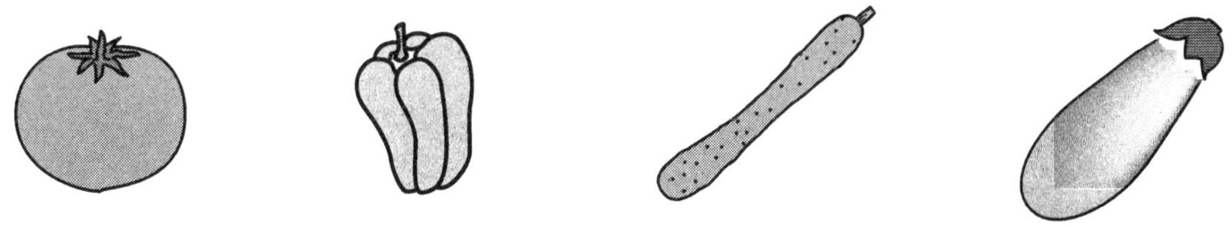

②

③

④

⑤

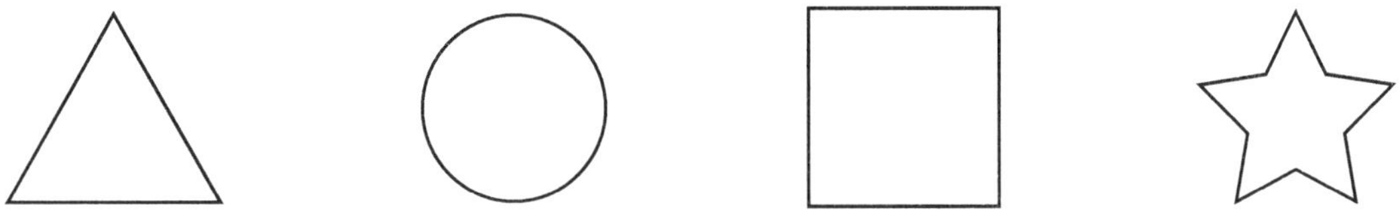

⑥

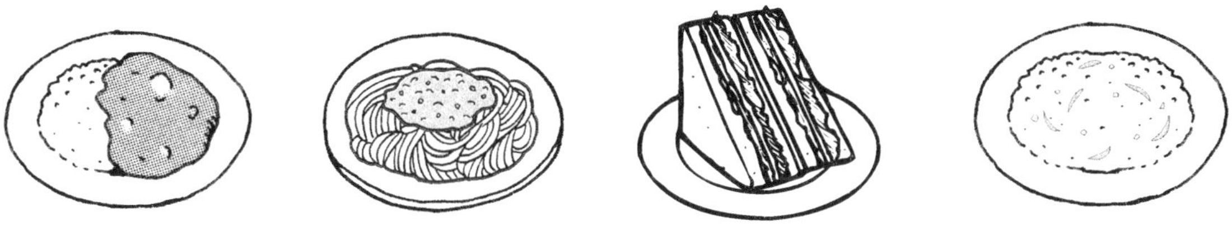

⑦

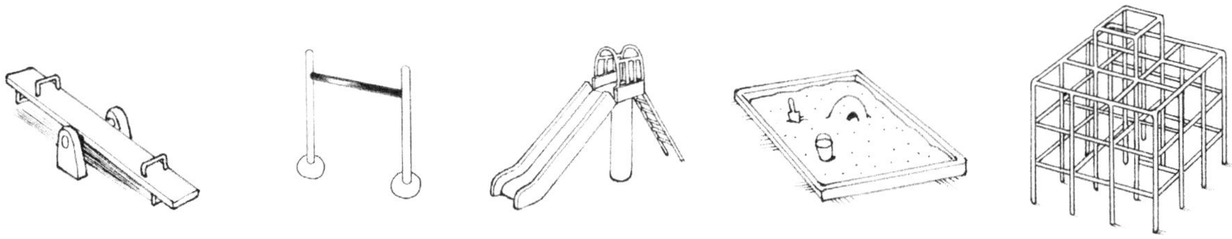

⑧

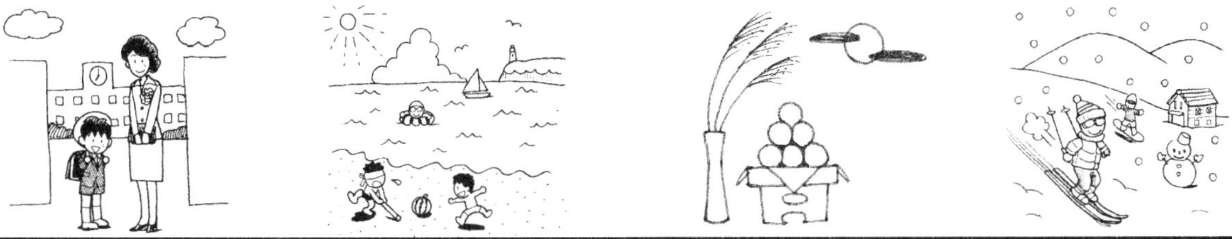

図書カード 1000 円分プレゼント

ご記入日 令和　　年　　月　　日

☆国・私立小学校受験アンケート☆

※可能な範囲でご記入下さい。選択肢は○で囲んで下さい。

〈小学校名〉＿＿＿＿＿＿＿＿＿＿　〈お子さまの性別〉男・女　〈誕生月〉＿＿月

〈その他の受験校〉（複数回答可）＿＿＿＿＿＿＿＿＿＿

〈受験日〉①：　月　日〈時間〉　時　分　～　時　分

②：　月　日〈時間〉　時　分　～　時　分

〈受験者数〉男女計＿＿名（男子＿＿名　女子＿＿名）

〈お子さまの服装〉＿＿＿＿＿＿＿＿＿＿

〈入試全体の流れ〉（記入例）準備体操→行動観察→ペーパーテスト

＿＿＿＿＿＿＿＿＿＿

Eメールによる情報提供

日本学習図書では、Eメールでも入試情報を募集しております。
下記のアドレスに、アンケートの内容をご入力の上、メールをお送り下さい。

ojuken@nichigaku.jp

●行動観察　（例）好きなおもちゃで遊ぶ・グループで協力するゲームなど

〈実施日〉　月　日〈時間〉　時　分　～　時　分〈着替え〉□有　□無

〈出題方法〉□肉声　□録音　□その他（　　　　）〈お手本〉□有　□無

〈試験形態〉□個別　□集団（　　人程度）

〈会場図〉

〈内容〉

□自由遊び

＿＿＿＿＿＿＿＿＿＿

□グループ活動

＿＿＿＿＿＿＿＿＿＿

□その他

＿＿＿＿＿＿＿＿＿＿

●運動テスト（有・無）　（例）跳び箱・チームでの競争など

〈実施日〉　月　日〈時間〉　時　分　～　時　分〈着替え〉□有　□無

〈出題方法〉□肉声　□録音　□その他（　　　　）〈お手本〉□有　□無

〈試験形態〉□個別　□集団（　　人程度）

〈会場図〉

〈内容〉

□サーキット運動

□走り　□跳び箱　□平均台　□ゴム跳び

□マット運動　□ボール運動　□なわ跳び

□クマ歩き

□グループ活動＿＿＿＿＿＿＿＿＿＿

□その他＿＿＿＿＿＿＿＿＿＿

●知能テスト・口頭試問

〈実施日〉＿＿月＿＿日 〈時間〉＿＿時＿＿分 ～ ＿＿時＿＿分 〈お手本〉□有 □無

〈出題方法〉 □肉声 □録音 □その他（　　　　　）〈問題数〉＿＿枚 ＿＿問

分野	方法	内容	詳細・イラスト
（例） お話の記憶	☑筆記 □口頭	動物たちが待ち合わせをする話	（あらすじ） 動物たちが待ち合わせをした。最初にウサギさんが来た。次にイヌくんが、その次にネコさんが来た。最後にタヌキくんが来た。 （問題・イラスト） ３番目に来た動物は誰か 
お話の記憶	□筆記 □口頭		（あらすじ） （問題・イラスト）
図形	□筆記 □口頭		
言語	□筆記 □口頭		
常識	□筆記 □口頭		
数量	□筆記 □口頭		
推理	□筆記 □口頭		
その他	□筆記 □口頭		

●制作　（例）ぬり絵・お絵かき・工作遊びなど

〈実施日〉＿＿月＿＿日　**〈時間〉**＿＿時＿＿分　～　＿＿時＿＿分

〈出題方法〉　□肉声　□録音　□その他（　　　　　　）　**〈お手本〉**□有　□無

〈試験形態〉　□個別　□集団（　　　　人程度）

材料・道具	制作内容
□ハサミ □のり（□つぼ　□液体　□スティック） □セロハンテープ □鉛筆　□クレヨン（　色） □クーピーペン（　色） □サインペン（　色）□ □画用紙（□ A4　□ B4　□ A3 □その他：　　　　　　） □折り紙　□新聞紙　□粘土 □その他（　　　　　　）	□切る　□貼る　□塗る　□ちぎる　□結ぶ　□描く　□その他（　　　　　　） タイトル：＿＿＿＿＿＿＿＿＿＿＿＿

●面接

〈実施日〉＿＿月＿＿日　**〈時間〉**＿＿時＿＿分　～　＿＿時＿＿分　**〈面接担当者〉**＿＿＿名

〈試験形態〉□志願者のみ（　　）名　□保護者のみ　□親子同時　□親子別々

〈質問内容〉

□志望動機　□お子さまの様子

□家庭の教育方針

□志望校についての知識・理解

□その他（　　　　　　　　　　　）

（　詳　細　）

・

・

・

・

※試験会場の様子をご記入下さい。

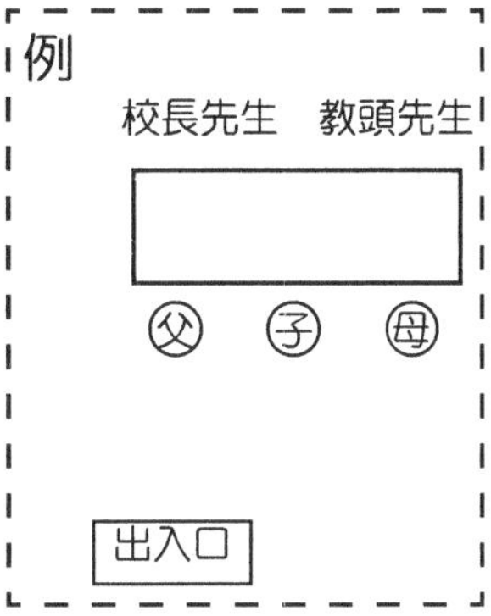

●保護者作文・アンケートの提出（有・無）

〈提出日〉　□面接直前　□出願時　□志願者考査中　□その他（　　　　　　　　　　）

〈下書き〉　□有　□無

〈アンケート内容〉

（記入例）当校を志望した理由はなんですか（150字）

●説明会（□有　□無）〈開催日〉＿＿月＿＿日〈時間〉＿＿時＿＿分〜＿＿時＿＿分

〈上履き〉　□要　□不要　〈願書配布〉　□有　□無　〈校舎見学〉　□有　□無

〈ご感想〉

●参加された学校行事（複数回答可）

公開授業〈開催日〉＿＿月＿＿日〈時間〉＿＿時＿＿分〜＿＿時＿＿分

運動会など〈開催日〉＿＿月＿＿日〈時間〉＿＿時＿＿分〜＿＿時＿＿分

学習発表会・音楽会など〈開催日〉＿＿月＿＿日〈時間〉＿＿時＿＿分〜＿＿時＿＿分

〈ご感想〉

※是非参加したほうがよいと感じた行事について

●受験を終えてのご感想、今後受験される方へのアドバイス

※対策学習（重点的に学習しておいた方がよい分野）、当日準備しておいたほうがよい物など

＊＊＊＊＊＊＊＊＊＊＊＊　ご記入ありがとうございました　＊＊＊＊＊＊＊＊＊＊＊＊

必要事項をご記入の上、ポストにご投函ください。

なお、本アンケートの送付期限は入試終了後３ヶ月とさせていただきます。また、入試に関する情報の記入量が当社の基準に満たない場合、謝礼の送付ができないことがございます。あらかじめご了承ください。

ご住所：〒＿＿＿＿＿＿＿＿＿＿＿＿＿＿＿＿

お名前：＿＿＿＿＿＿＿＿＿＿　メール：＿＿＿＿＿＿＿＿＿＿

ＴＥＬ：＿＿＿＿＿＿＿＿＿＿　ＦＡＸ：＿＿＿＿＿＿＿＿＿＿

ご記入頂いた個人に関する情報は、当社にて厳重に管理致します。弊社の個人情報取り扱いに関する詳細は、www.nichigaku.jp/policy.php の「個人情報の取り扱い」をご覧下さい。

分野別 小学入試練習帳 ジュニアウォッチャー

1．点・線図形	小学校入試で出題頻度の高い『点・線図形』の模写を、難易度の低いものから段階別に幅広く練習することができるように構成。
2．座標	図形の位置模写という作業を、難易度の低いものから段階別に練習できるように構成。
3．パズル	様々なパズルの問題を難易度の低いものから段階別に練習できるように構成。
4．同図形探し	小学校入試で出題頻度の高い、同図形選びの問題を繰り返し練習できるように構成。
5．回転・展開	図形などを回転、または展開したとき、形がどのように変化するかを学習し、理解を深められるように構成。
6．系列	数、図形などの様々な系列問題を、難易度の低いものから段階別に練習できるように構成。
7．迷路	迷路の問題を繰り返し練習できるように構成。
8．対称	対称に関する問題を4つのテーマに分類し、各テーマごとに問題を段階別に練習できるように構成。
9．合成	図形の合成に関する問題を、難易度の低いものから段階別に練習できるように構成。
10．四方からの観察	もの（立体）を様々な角度から見て、どのように見えるかを推理する問題を段階別に整理し、1つの形式で複数の問題を練習できるように構成。
11．いろいろな仲間	ものや動物、植物の共通点を見つけ、分類していく問題を中心に構成。
12．日常生活	日常生活における様々な問題を6つのテーマに分類し、各テーマごとに一つの問題形式で複数の問題を練習できるように構成。
13．時間の流れ	『時間』に着目し、様々なものごとは、時間が経過するとどのように変化するのかということを学習し、理解できるように構成。
14．数える	様々なものを『数える』ことから、数の多少の判定やかけ算、わり算の基礎までを練習できるように構成。
15．比較	比較に関する問題を5つのテーマ（数、高さ、長さ、量、重さ）に分類し、各テーマごとに問題を段階別に練習できるように構成。
16．積み木	数える対象を積み木に限定した問題集。
17．言葉の音遊び	言葉の音に関する問題を5つのテーマに分類し、各テーマごとに問題を段階別に練習できるように構成。
18．いろいろな言葉	表現力をより豊かにするいろいろな言葉として、擬態語や擬声語、同音異義語、反意語、数詞を取り上げた問題集。
19．お話の記憶	お話を聴いてその内容を記憶、理解し、設問に答える形式の問題集。
20．見る記憶・聴く記憶	「見て憶える」「聴いて憶える」という『記憶』分野に特化した問題集。
21．お話作り	いくつかの絵を元にしてお話を作る練習をして、想像力を養うことができるように構成。
22．想像画	描かれてある形や景色に好きな絵を描くことにより、想像力を養うことができるように構成。
23．切る・貼る・塗る	小学校入試で出題頻度の高い、はさみやのりなどを用いた巧緻性の問題を繰り返し練習できるように構成。
24・絵画	小学校入試で出題頻度の高い、お絵かきやぬり絵などクレヨンやクーピーペンを用いた巧緻性の問題を繰り返し練習できるように構成。
25．生活巧緻性	小学校入試で出題頻度の高い日常生活の様々な場面における巧緻性の問題集。
26．文字・数字	ひらがなの清音、濁音、拗音、拗長音、促音と1～20までの数字に焦点を絞り、練習できるように構成。
27．理科	小学校入試で出題頻度が高くなりつつある理科の問題を集めた問題集。
28．運動	出題頻度の高い運動問題を種目別に分けて構成。
29．行動観察	項目ごとに問題提起をし、「このような時はどうか、あるいはどう対処するのか」の観点から問いかける形式の問題集。
30．生活習慣	学校から家庭に提起された問題と思って、一問一問絵を見ながら話し合い、考える形式の問題集。
31．推理思考	数、量、言語、常識（含理科、一般）など、諸々のジャンルから問題を構成し、近年の小学校入試問題傾向に沿って構成。
32．ブラックボックス	箱や筒の中を通ると、どのようなお約束でどのように変化するかを推理・思考する問題集。
33．シーソー	重さの違うものをシーソーに乗せた時どちらに傾くのか、またどうすればシーソーは釣り合うのかを思考する基礎的な問題集。
34．季節	様々な行事や植物などを季節別に分類できるように知識をつける問題集。
35．重ね図形	小学校入試で頻繁に出題されている「図形を重ね合わせてできる形」についての問題を集めました。
36．同数発見	様々な物を数え「同じ数」を発見し、数の多少の判断や数の認識の基礎を学べるように構成した問題集。
37．選んで数える	数の学習の基本となる、いろいろなものの数を正しく数える学習を行う問題集。
38．たし算・ひき算1	数字を使わず、たし算とひき算の基礎を身につけるための問題集。
39．たし算・ひき算2	数字を使わず、たし算とひき算の基礎を身につけるための問題集。
40．数を分ける	数を等しく分ける問題です。等しく分けたときに余りが出るものもあります。
41．数の構成	ある数がどのような数で構成されているか学んでいきます。
42．一対多の対応	一対一の対応から、一対多の対応まで、かけ算の考え方の基礎学習を行います。
43．数のやりとり	あげたり、もらったり、数の変化をしっかりと学びます。
44．見えない数	指定された条件から数を導き出します。
45．図形分割	図形の分割に関する問題集。パズルや合成の分野にも通じる様々な問題を集めました。
46．回転図形	「回転図形」に関する問題集。やさしい問題から始め、いくつかの代表的なパターンから、段階を踏んで学習できるよう編集されています。
47．座標の移動	「マス目の指示通りに移動する問題」と「指示された数だけ移動する問題」を収録。
48．鏡図形	鏡で左右反転させた時の見え方を考えます。平面図形から立体図形、文字、絵まで。
49．しりとり	すべての学習の基礎となる「言葉」を学ぶこと、特に「語彙」を増やすことに重点をおき、さまざまなタイプの「しりとり」問題を集めました。
50．観覧車	観覧車やメリーゴーラウンドなどを舞台にした「回転系列」の問題集。「推理思考」分野の問題ですが、要素として「図形」や「数量」も含みます。
51．運筆①	鉛筆の持ち方を学び、点線なぞり、お手本を見ながらの模写で、線を引く練習をします。
52．運筆②	運筆①からさらに発展し、「欠所補完」や「迷路」などを楽しみながら、より複雑な鉛筆運びを習得することを目指します。
53．四方からの観察 積み木編	積み木を使用した「四方からの観察」に関する問題を練習できるように構成。
54．図形の構成	見本の図形がどのような部分によって形づくられているかを考えます。
55．理科②	理科的知識に関する問題を集中して練習する「常識」分野の問題集。
56．マナーとルール	道路や駅、公共の場でのマナー、安全や衛生に関する常識を学べるように構成。
57．置き換え	さまざまな具体的・抽象的事象を記号で表す「置き換え」の問題を扱います。
58．比較②	長さ・高さ・体積・数などを数学的な知識を使わず、論理的に推測する「比較」の問題を練習できるように構成。
59．欠所補完	線と線のつながり、欠けた絵に当てはまるものなどを求める「欠所補完」に取り組める問題集です。
60．言葉の音（おん）	しりとり、決まった順番の音をつなげるなど、「言葉の音」に関する問題に取り組める練習問題集です。

◆◆ニチガクのおすすめ問題集◆◆

より充実した家庭学習を目指し、ニチガクではさまざまな問題集をとりそろえております!!

サクセスウォッチャーズ（全18巻）

①〜⑱
本体各￥2,200＋税

全9分野を「基礎必修編」「実力アップ編」の2巻でカバーした、合計18冊。

各巻80問と豊富な問題数に加え、他の問題集では掲載していない詳しいアドバイスが、お子さまを指導する際に役立ちます。

各ページが、すぐに使えるミシン目付き。本番を意識したドリルワークが可能です。

ジュニアウォッチャー（既刊60巻）

①〜⑥⓪（以下続刊）
本体各￥1,500＋税

入試出題頻度の高い9分野を、さらに60の項目にまで細分化。基礎学習に最適のシリーズ。

苦手分野におけるつまずきを、効率よく克服するための60冊です。

ポイントが絞られているため、無駄なく高い効果を得られます。

国立・私立 NEW ウォッチャーズ

言語／理科／図形／記憶
常識／数量／推理
本体各￥2,000＋税

シリーズ累計発行部数40万部以上を誇る大ベストセラー「ウォッチャーズシリーズ」の趣旨を引き継ぐ新シリーズ!!

実際に出題された過去問の「類題」を32問掲載。全問に「解答のポイント」付きだから家庭学習に最適です。「ミシン目」付き切り離し可能なプリント学習タイプ！

実践 ゆびさきトレーニング①・②・③

本体各￥2,500＋税

制作問題に特化した一冊。有名校が実際に出題した類似問題を35問掲載。

様々な道具の扱い（はさみ・のり・セロハンテープの使い方）から、手先・指先の訓練（ちぎる・貼る・塗る・切る・結ぶ）、また、表現することの楽しさも経験できる問題集です。

お話の記憶・読み聞かせ

［お話の記憶問題集］
中級／上級編
本体各￥2,000＋税

初級／過去類似編／ベスト30
本体各￥2,600＋税

1話5分の読み聞かせお話集①・②、入試実践編①
本体各￥1,800＋税

あらゆる学習に不可欠な、語彙力・集中力・記憶力・理解力・想像力を養うと言われているのが「お話の記憶」分野の問題。問題集は全問アドバイス付き。

分野別 苦手克服シリーズ（全6巻）

図形／数量／言語／
常識／記憶／推理
本体各￥2,000＋税

数量・図形・言語・常識・記憶の6分野。アンケートに基づいて、多くのお子さまがつまづきやすい苦手問題を、それぞれ40問掲載しました。

全問アドバイス付きですので、ご家庭において、そのつまづきを解消するためのプロセスも理解できます。

運動テスト・ノンペーパーテスト問題集

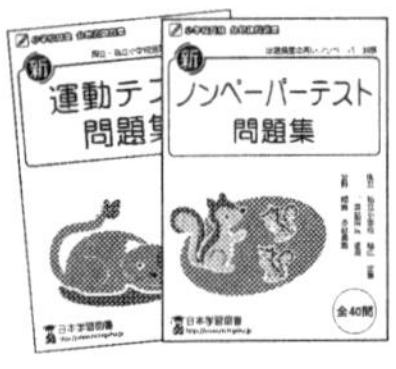

新 運動テスト問題集
本体￥2,200＋税

新 ノンペーパーテスト問題集
本体￥2,600＋税

ノンペーパーテストは国立・私立小学校で幅広く出題される、筆記用具を使用しない分野の問題を全40問掲載。

運動テスト問題集は運動分野に特化した問題集です。指示の理解や、ルールを守る訓練など、ポイントを押さえた学習に最適。全35問掲載。

口頭試問・面接テスト問題集

新 口頭試問・個別テスト問題集
本体￥2,500＋税

面接テスト問題集
本体￥2,000＋税

口頭試問は、主に個別テストとして口頭で出題解答を行うテスト形式。面接は、主に「考え」やふだんの「あり方」をたずねられるものです。

口頭で答える点は同じですが、内容は大きく異なります。想定する質問内容や答え方の幅を広げるために、どちらも手にとっていただきたい問題集です。

小学校受験 厳選難問集 ①・②

本体各￥2,600＋税

実際に出題された入試問題の中から、難易度の高い問題をピックアップし、アレンジした問題集。応用問題への挑戦は、基礎の理解度を測るだけでなく、お子さまの達成感・知的好奇心を触発します。

①は数量・図形・推理・言語、②は位置・常識・比較・記憶分野の難問を掲載。それぞれ40問。

国立小学校　対策問題集

国立小学校入試問題A・B・C（全3巻）本体各￥3,282＋税

新 国立小学校直前集中講座
本体￥3,000＋税

国立小学校頻出の問題を厳選。細かな指導方法やアドバイスが掲載してあり、効率的な学習が進められます。「総集編」は難易度別にA〜Cの3冊。付録のレーダーチャートにより得意・不得意を認識でき、国立小学校受験対策に最適です。入試直前の対策には「新 直前集中講座」！

おうちでチャレンジ ①・②

本体各￥1,800＋税

関西最大級の模擬試験である小学校受験標準テストのペーパー問題を編集した実力養成に最適な問題集。延べ受験者数10,000人以上のデータを分析しお子さまの習熟度・到達度を一目で判別。

保護者必読の特別アドバイス収録！

Q＆Aシリーズ

『小学校受験で知っておくべき125のこと』
『小学校受験に関する 保護者の悩みQ＆A』
『新 小学校受験の入試面接Q＆A』
『新 小学校受験 願書・アンケート文例集500』
本体各￥2,600＋税
『小学校受験のための
願書の書き方から面接まで』
本体￥2,500＋税

「知りたい！」「聞きたい！」「こんな時どうすれば…？」そんな疑問や悩みにお答えする、オススメの人気シリーズです。

書籍についてのご注文・お問い合わせ
☎ 03-5261-8951

http://www.nichigaku.jp
※ご注文方法、書籍についての詳細は、Webサイトをご覧ください。

日本学習図書　検索

家庭学習をトータルサポート！ ニチガクのオリジナル 効果的 学習法

1 まずは アドバイスページを読む！

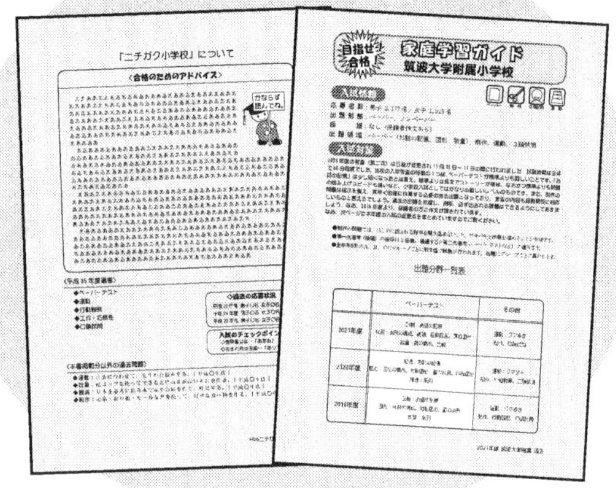

ピンク色です

対策や試験ポイントがぎっしりつまった「家庭学習ガイド」。分野アイコンで、試験の傾向をおさえよう！

2 問題をすべて読み、出題傾向を把握する

3 「学習のポイント」で学校側の観点や問題の解説を熟読

4 はじめて過去問題にチャレンジ！

5 プラスα 対策問題集や類題で力を付ける

過去問のこだわり

最新問題は問題ページ、イラストページ、解答・解説ページが独立しており、お子さまにすぐに取り掛かっていただける作りになっています。
ニチガクの学校別問題集ならではの、学習法を含めたアドバイスを利用して効率のよい家庭学習を進めてください。

各問題のジャンル

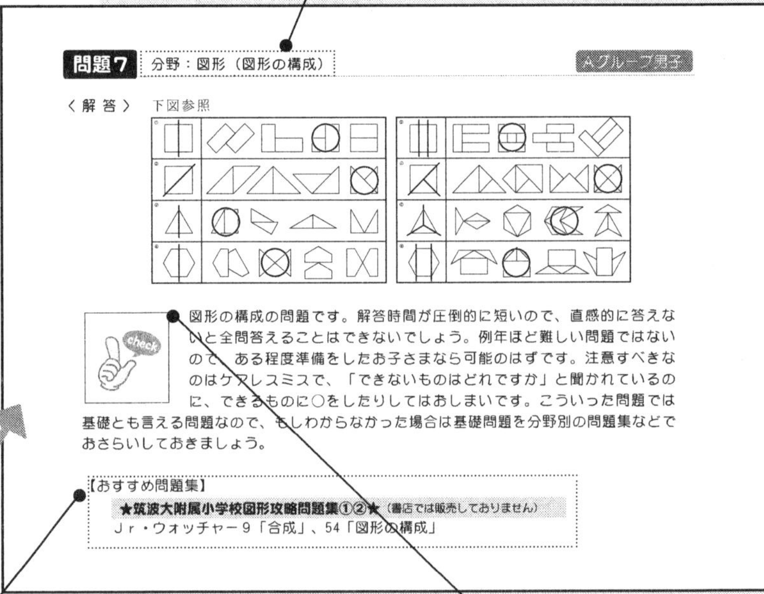
問題7 分野：図形（図形の構成） Aグループ男子

〈解答〉 下図参照

図形の構成の問題です。解答時間が圧倒的に短いので、直感的に答えないと全問答えることはできないでしょう。例年ほど難しい問題ではないので、ある程度準備をしたお子さまなら可能のはずです。注意すべきなのはケアレスミスで、「できないものはどれですか」と聞かれているのに、できるものに○をしたりしてはおしまいです。こういった問題では基礎とも言える問題なので、もしわからなかった場合は基礎問題を分野別の問題集などでおさらいしておきましょう。

【おすすめ問題集】
★筑波大附属小学校図形攻略問題集①②★（書店では販売しておりません）
Jr・ウォッチャー9「合成」、54「図形の構成」

学習のポイント

各問題の解説や学校の観点、指導のポイントなどを教えます。
今日から保護者の方が家庭学習の先生に！

おすすめ対策問題集

分野ごとに対策問題集をご紹介。苦手分野の克服に最適です！
＊専用注文書付き。

2022年度版　成蹊小学校　過去問題集

発行日　2021年3月31日
発行所　〒162-0821　東京都新宿区津久戸町 3-11-9F
日本学習図書株式会社
電　話　03-5261-8951 ㈹

ISBN978-4-7761-5337-5
C6037 ¥2000E
定価 2,200 円
（本体 2,000 円＋税 10%）

9784776153375
1926037020004